EL PROCESO DE LA INDIVIDUACIÓN

El sentido de vida más profundo y la libertad psíquica

Eduard Schellhammer

1ª Edición 2017.
Traducción de la 5ª edición (revisada) en alemán (2012):
Der Prozess der Individuation. Menschsein in der Zukunft.
© Copyright. Dr. Eduard Schellhammer.
Todos los derechos reservados.

ISBN-13: 978-1542337977
ISBN-10: 1542337976

www.EduardSchellhammer.com
www.EdwardSchellhammer.com
www.SchellhammerBusinessSchool.com
www.SchellhammerInstitute.com

Índice

Sobre el Autor

Dr. Eduard Schellhammer es el fundador y presidente de 'Schellhammer Business School' y 'Schellhammer Institute'.

Es especialmente notable encontrar Dr. Eduard Schellhammer, aparte de su agradable y amable ser, es su disposición aparentemente joven de vista apasionada y honesta sobre la humanidad y el planeta, y su convicción firme que el mundo necesita una nueva educación pionera.

¿Pero quién es exactamente Dr. Eduard Schellhammer? ¿Es un filósofo, un experto de asuntos humanos, un psicólogo, un autor que ha editado más de 30 libros sobre Psicología, Política y Economía, un educador o visionario con una vista profunda y útil en las condiciones del ser humano?

La respuesta es que él es todo eso y más. En diversas épocas le hubieran nominado un sabio y erudito universal. Probablemente lo hubieran añadido a la lista de los 'grandes iluminados' del ciclo de las luces como por ejemplo el compatriota Jean Jacques Rousseau, o Thomas Payne, y probablemente también Thomas Jefferson.

Es exactamente ese regalo de iluminación que Dr. Schellhammer quiere dar a la humanidad.

Él revela: "Mis estudios, viajes globales, experiencias profesionales y amplias exploraciones desde 1970 me han dado una clara y única comprensión de la humanidad y de la evolución humana, la espiritualidad, la educación, las culturas, las necesidades, los valores, los estándares y nuestra meta de vida como nada más."

Haciendo una pausa Dr. Schellhammer continua: "La humanidad todavía no ha empezado a descubrir para qué el camino verdadero de la vida humana en esta tierra es fundamentalmente bueno y correcto."

Nacido y educado en Suiza, él vivio en Paris, Sur de la Francia, London, Kiel, Detroit y México; para luego en 1988 establecerse en Marbella (España).

Estudiaba la ciencia de educación, psicología, psicoanálisis y filosofía.

Fue Rector en la Universidad de Zúrich y Lector en otras instituciones académicas. Miembro de un club de científicos, se dedicaba con energía inmensa a la investigación sobre el futuro, las perspectivas futuras de la humanidad, de paz y desarme, la educación en Latinoamérica y los grandes problemas globales en general. Su foco era una nueva comprensión de la política y economía para el futuro. Los resultados de sus exploraciones son indispensables para todos que aman la vida, el amor y la justicia.

Él da mucha importancia a la teoría de la interpretación de los sueños; un tema que ha explorado extensamente durante décadas. Él está enteramente convencido de la importancia que tienen los sueños. Hace 35 años tuvo un sueño que decía que él tiene que buscar el misterio del ser humano y de la evolución humana.

Categóricamente dice: ¡Mi primera reacción fue que eso es una misión imposible! Pero continué con la misma convicción: "Pero hoy pienso no. He descubierto todos los componentes fundamentales que aclaran el misterio del ser humano y la evolución humana."

De su experiencia profesional él ha escrito muchos libros que incluyen un campo amplio: Individuación (el desarrollo personal holístico), la teoría de los sueños y su interpretación, soluciones para problemas, el inconsciente individual y colectivo, el amor y las relaciones de pareja, los arquetipos del ser humano, el futuro del ser humano, la educación global, una nueva filosofía antropológica, didáctica de enseñar, métodos de consejos y de coaching.

Los modos de encontrar todos los procesos - psíquicos, espirituales y prácticas - y los códigos arquetípicos de la evolución humana son bien documentados como nunca antes en la historia de la humanidad. Todo lo que un individual tiene que aprender está elaborado en sus libros.

Él tuvo durante los últimos 35 años alrededor de 14.000 sueños sobre el estado y desarrollo de la humanidad, del mundo y del planeta. Innumerables sueños le han enseñado lo que es fundamentalmente importante para el futuro de la humanidad y su evolución.

Durante las mismas décadas tuvo alrededor de 3,000 sueños sobre la evolución arquetípica de la humanidad (del ser humano), sobre el estado y los potenciales de la psique de la población global, y sobre el otro mundo y Dios. Estuvo en sus sueños en el más allá, en el paraíso divino; experimentó la "unión con Dios" y muchos más procesos arquetípicos. Él ha elaborado profundamente todo eso con alrededor de 80.000 horas de exploraciones e análisis.

Dr. Eduard Schellhammer dice: "El concepto psicológico, espiritual, arquetípico, educativo y practico más avanzado, hasta hoy nunca alcanzado - la antropología filosófica de la evolución humana arquetípica - está elaborado y puede guiar la humanidad hacia esperanza, justicia, equilibrio, verdad y cumplimiento."

Como el hombre mismo, sus libros no son para gente pusilánime: desafiante, pionero y vanguardia; nuevos caminos de pensar que incluyen la formación de la psique, el desarrollo personal, los valores humanos, la evolución humana, la vida, el mundo de los negocios, la política, la economía, la sociedad, la educación (publica) y la religión. Sus libros son para aquellos que buscan la verdad y un fundamental cumplimiento personal. Leer sus libros es aventura total para el espíritu (la razón, la psique).

Después de décadas extensas de exploraciones, investigaciones, análisis y escribir, a veces con un retiro personal, hoy Dr. Eduard Schellhammer está listo y a disposición para individuales e instituciones exigentes que quieren tener beneficio de sus programas de educación evolutivo y a medida

Todos sus libros (en alemán, inglés y español) se pueden pedir o comprar en Amazon o directamente en la recepción de Schellhammer Business School y Schellhammer Institute.

Introducción

Mucha gente lleva consigo una gran carga psíquica y anda con cadenas psíquicas. Ellos (todavía) no han experimentado que podrían elaborar su libertad interior. ¿Tiene el hombre que dejar la creación del mundo abierta al crecimiento, estable y cooperativo, a las fuerzas ocasionales, mientras que sabemos todos a donde llega esto? ¿Para qué sirven todos los buenos deseos sobre la salud y la calidad de vida personal, cuando no se pueden satisfacer solamente porque los hombres no realizan para ellos mismos lo más necesario? A veces hay que actuar a tiempo; El principio de inercia causa en la creación del mundo y también en el alma, a pesar del esfuerzo para su reversión, en muchos aspectos un daño grande.

¿No sería mejor buscar y encontrar la orientación y la estabilidad en la vida psíquica interior, en vez de declarar cualquier idea o asunto como "eje del globo" y como el "centro del universo"? Muchos hombres dejan baldías sus fuerzas vitales más importantes y van tirando con su existencia, sin jamás tener el presentimiento que todos sus esfuerzos y alegrías pueden ser beneficiosas. Si el hombre quiere para sí mismo y para sus descendientes un "nuevo mundo" mañana, él puede promover el desarrollo mientras que para su preparación se renueva en sí mismo.

¿Dónde podría el hombre encontrar su sentido de existencia, sino en su alma propia, ahí dónde "se hace la vida"? Es ahí donde la esperanza se transforma en una fuente concreta, individual y de experiencia.

El hombre del futuro ni es el "homo sapiens", ni el "homo técnico"; es el hombre que vive en su individuación.

En la auto-realización de cada uno se halla la esperanza de la humanidad. A todos los pregoneros de pronósticos futuros tenebrosos y apocalípticos replicamos: ¡Podemos transformar el destino! Creamos el "mundo nuevo" de mañana a través de la transformación psíquica, centrada en el alma de cada uno. Luego pueden crecer sin impedimento la paz, la justicia, la calidad de vida, el bienestar físico y psíquico y también el amor estable y capacidad de carga.

Las instrucciones múltiples en este libro posibilitan elaborar auto-didácticamente tales fines de vida. Algunas exposiciones sirven primeramente de ayuda de orientación para un pensar creativo. Unas sugerencias inusitadas pueden estimular las posibilidades de crear diariamente la transformación activa de uno mismo. Mucho material sirve de filón para ponerse sus metas propias y para reconocer los hitos que determinan el camino de vida.

Cada uno aspira a sus propias metas, siempre según sus experiencias de vida, su situación de sufrimiento y su fase de desarrollo. El ser humano en el futuro puede tener muchas formas de expresión, y empieza siempre donde la vida psíquica determina la vida. No existe un solo modelo que valga para cada uno en cada época. Pero los instrumentos de trabajo y las características de la vida psíquica – de la estructura del alma – son siempre los mismos. He intentado relacionar esta variedad con la vida diaria y esbozar el enlace también con la vida social.

Quiero destacar especialmente una valoración: La renovación total de la vida psíquica – la individuación – no es para hombres que se abstienen de la vida activa y de la política, o que de cualquier modo quieren dejar la creación de la vida común y del medio ambiente a los "poderosos" y "tecnócratas". La individuación siempre implica la dedicación activa a la vida. En todos los lugares – las aéreas – se necesitan hombres que elaboren su individuación: en la economía, en la política, en la iglesia, en la ciencia, en el arte y también en las instituciones educativas y sociales. El futuro de la humanidad depende decisivamente de esto; no sólo en la provincia, sino también dónde se toman las decisiones que influyen en el procedimiento de la vida mundial, la individuación puede contribuir esencialmente y cumplir esperanzas.

Los ejemplos particulares proceden de mi trabajo profesional – consulta y cursos – en mi instituto de psicología profunda. Presento los resultados ilustrativos muchas veces junto a las asociaciones de las personas que han meditado sobre el tema mencionado. Los resultados no tienen valor ampliamente representativo. El lector podrá experimentar en sus meditaciones propias que las visualizaciones pueden ser mucho más abundantes. He elegido los resultados de modo que el lector pueda utilizarlos: En vez de hacer un ejercicio con la imagen clave del tema, se puede empezar con la variabilidad de los resultados mencionados. He quitado todas las informaciones que pudieran identificar a la persona, a veces he cambiado un escenario o una imagen singular en otra escena similar sin que esto cambie el significado. Otras veces he resumido historias largas que resultan de una meditación, transmitiendo las partes más interesantes.

Confío en que este concepto del "ser humano en el futuro" que presento en este libro pueda ayudar a muchas personas a descubrir las facultades futuras en su interior, en la profundidad de su alma, a transformarse con las fuentes psíquicas en su interior, y a tener presente los misterios de la vida psíquica como una orientación esencial para vivir.

Eduard Schellhammer

1. Los métodos

1.1 Las imágenes psíquicas y los símbolos: La orientación esencial en la vida

Los fundamentos teóricos y prácticos de todos los elementos que construyen el "ser humano en el futuro", como yo los desarrollo en este libro, resultan de la teoría de los sueños (ver: El manual analítico de la interpretación de los sueños), de la imaginación y de la visualización extrasensorial (ver: El diálogo con la vida interna). Puedo resumir la importancia práctica de las imágenes y de los símbolos del alma en tres tesis:

1ª Tesis: Las imágenes y símbolos del alma muestran los hombres y el mundo tal como son en realidad. También nos indican la posibilidad de transformar la vida psíquica interna.

2ª Tesis: Las imágenes y símbolos del alma son una ayuda de orientación y son fuerzas vivas para desarrollar la auto-realización constructiva y abierta al crecimiento.

3ª Tesis: Las imágenes y símbolos del alma son las fuentes de todos los conocimientos espirituales. Son la lengua del alma y también son la llave para todos los misterios del ser humano.

Con otras palabras, sin sueños, sin imaginación (meditación) y sin visualización extrasensorial existen sólo pocas posibilidades para el autoconocimiento, para la transformación de sí mismo y para la experiencia de los temas psico-espirituales, como la sabiduría, el amor, la transcendencia, la esperanza y la confianza básica.

Si mis tesis son correctas, resultan consecuencias decisivas para la vida diaria y además se deducen ayudas importantes para vivir.

Quiero exponer unos ejemplos para clarificar la importancia:

Muchos hombres sufren de insomnio, de nerviosismo y de tensiones. La lista de los sufrimientos psicosomáticos es larga. Por doquier hay personas que sufren de desesperación, de preocupaciones y de angustia. La mayoría de los hombres viven con una sobrecarga de agresiones. El anhelo de combate escondido de los hombres es mucho más grande de lo que podemos percibir. Muchísimas personas están aisladas. Muchos pasaron al divorcio. No son pocos los que se sienten fracasados crónicamente. El número de los accidentes en todos los segmentos de la vida, causados por fuerzas psíquicas, es enorme. También la criminalidad tiene mucho que ver con la psique. No son pocos los hombres que se sienten casi aplastados por su carga psíquica. A muchos les falta la alegría y las fuerzas de vivir.

Nuestras tres tesis sobre estos hechos diarios dicen que podemos encontrar a través de imágenes y símbolos del alma las explicaciones y las soluciones.

También resultan consecuencias decisivas para las ideologías, los dogmas y las actitudes (por ejemplo: ideas sobre los valores, normas, conceptos sobre la vida, etc.). Es conocido que hay innumerables posiciones, teorías y enseñanzas en la política, la religión y el esoterismo. Mucho, ahí, está en contradicción. Lo incompatible persigue lo incompatible en cantidades grandes. No son pocos los hombres que siempre empiezan con creencias aprendidas por la educación y la enseñanza. Otros tienen "conocimientos evidentes". Mucho de esto parece irrefutable. No existe casi nada que en cualquier lugar de este mundo no esté declarado como norma válida, como el "eje" del globo. Existe un gran número de ideas sobre el ser humano, el mundo, el universo y Dios. Pero los "gurús" – los "iluminados" – hablan sobre tantas cosas con tanta contradicción como a veces los políticos y los filósofos. Lo que es "santo" para uno, llega según otros del diablo.

También resultan consecuencias decisivas para el autoconocimiento y la transformación de sí mismo. Muchas personas buscan, siguiendo las tendencias ("trends") actuales, consejo, ayuda y formación (educación) en el psicoanálisis. Otros buscan la bienaventuranza o alguna aventura emocional en los movimientos psico-religiosos. Muchos están descontentos con su vida y querrían reírse con alegría. A todos les gustaría sentir la experiencia que la vida vale la pena a pesar de todo. Las escuelas psicológicas y las posiciones psicoterapeutas son tan numerosas como las comunidades del esoterismo y los grupos religiosos. La mayoría de sus exponentes creen saber lo que significa la auto-realización (el llegar a ser uno mismo). Es asombroso cuantos hombres parecen tener certidumbre sobre sus ideas. Es habitual de hablar sobre la auto-realización como si tuvieran conocimientos obvios. Pero las contradicciones son tan grandes como en el campo de la política práctica, a pesar de la reclamación científica y a pesar de la firmeza de tantos comentarios, muchas veces dogmáticos.

Las tres tesis dicen finalmente que las imágenes y los símbolos del alma llevan al hombre a su ser auténtico, y que pueden transmitir al hombre todo lo que concierne al ser humano.

Las imágenes y los símbolos del alma son los materiales del sueño, de la imaginación y de la visualización extrasensorial. Son las verdaderas fuentes para la ampliación de la conciencia, para soluciones, para la liberación y la transformación. Por lo tanto estas tres tesis las puedo completar del siguiente modo:

1ª Tesis más amplia: Los sueños son la expresión de una inteligencia absoluta que nos sirve de asesor y de conductor de vida en todos los asuntos de la vida.

2ª Tesis más amplia: La imaginación puede ser la fuente de los conocimientos psíquicos y espirituales sobre el ser humano y la vida. La introspección facilita también la transformación óptima del mundo psíquico interior y de la vida externa propia.

3ª Tesis más amplia: La visualización es una variante especial de la imaginación. La técnica posibilita percibir (por medio de imágenes internas) el mundo psico-espiritual de otras personas y de instituciones. También podemos investigar los aspectos psíquicos de teorías, dogmas y creencias.

Con todo esto he esbozado los fundamentos y las posibilidades prácticas de la auto-realización. A continuación, vamos a desarrollar en tres partes una profundización y una ampliación de estas tres tesis ampliadas. Primero, quiero enfocar los sueños y sus enseñanzas (teorías). Luego seguiré con unos comentarios sobre la imaginación y finalmente expondré las posibilidades de la visualización extrasensorial. (La exposición más extensa está desarrollada en el libro "El diálogo con la vida interna").

1.2 El sueño: La fuente auténtica de la vida

Para la mayoría de la gente los sueños no son importantes para el autoconocimiento y la creación de la vida. Las investigaciones científicas argumentan que la situación de la interpretación de los sueños es catastrófica: La literatura ofrece sólo un gran número de especulaciones. Muchas teorías sobre los sueños son contradictorias en sí mismas. Sobre el provecho de la interpretación práctica de los sueños ya se ha dicho desde hace siglos casi todo desde "la espuma de los sueños" hasta "la fuente de conocimientos y salvación".

Ciertamente podemos reconocer en la psicología de los sueños algunos principios generales con validez general que no podemos rechazar sin discutirlo. Quiero ejemplificarlo:

Un primer principio dice: *Los sueños tienen un significado determinado que se refiere a la vida de la persona que sueña.* Los sueños pueden contener todo lo que forma parte de la vida: Los sentimientos obvios y reprimidos, los deseos, los pensamientos, los conflictos, las actitudes (creencias), la conducta, los acontecimientos, y también otras personas pueden jugar un papel. El pasado, el presente y el futuro pueden ser el contenido de un sueño. Los sueños reflejan nuestra entera vida interna y externa. – Me gustaría ilustrar esto con unos extractos de sueños:

Un hombre Z. tiene en cuatro meses tres sueños en los que él está nadando en el mar con olas muy altas, y corre peligro de hundirse. – En su vida real él está pensando desde hace unos meses en divorciarse, en vender su empresa y en emigrar a ultramar.

Una mujer Y. sueña desde hace mucho tiempo, siempre y siempre, que ella está encerrada en una habitación, en un coche, en un ascensor o en el sótano. A veces tiene puestos unos zapatos demasiado pequeños o una ropa muy incómoda que le agobia. – En realidad ella sufre de asma, de insomnio, de su matrimonio que no marcha bien, y se siente insatisfecha con ella misma y con su vida entera.

El principio segundo dice: *El procedimiento onírico refleja de modo múltiple la realidad interna y externa de la persona que sueña.* Estos tipos de sueños los caracterizo como "formas de resonancia". Unos extractos pueden ilustrar esta idea:

El Señor L. cuenta su sueño: "Conduzco un vehículo indefinible, no puedo manejar ninguna palanca de mando, tengo el riesgo de provocar accidentes en todos los lugares, choco contra el muro de una casa, luego con la valla de un jardín. Una vez tropiezo con unas personas, luego con un animal y varias veces con gatos. Al final caigo en una cañada dónde yo a duras penas sobrevivo sano y salvo, pero no puedo encontrar la salida de la cañada." – Este sueño refleja de forma alegórica el modo de vivir de esta persona que lo soñó: Tal como está conduciendo en el sueño, así se conduce a través de su vida real.

Muchas veces encontramos en los sueños elementos del pasado. El pasado está mezclado con el presente. La Señora K., por ejemplo, vive en su sueño con su madre, fallecida desde hace mucho tiempo, y está intentando llamar a su marido, sin éxito. – Esto significa: Los recuerdos de la convivencia anterior con su madre hacen consciente su anhelo y también su actitud: "Sería más agradable vivir con mi madre; mi matrimonio es ya desde hace mucho tiempo aburrido y penoso." Pero: Estar con la madre no posibilita la conexión con su marido.

Muchos sueños explican situaciones actuales de sufrimientos y de conflictos. El Señor P. quería saber a través de un sueño por qué sufre desde muchos años dolores crónicos del abdomen. Luego sueña que un médico le extrae de su abdomen, en una operación, una pieza de hielo grande. Luego en el sueño él está llorando sin parar. Finalmente, la pieza de hielo desaparece.

Las lágrimas no lloradas de muchas experiencias penosas ya desde la temprana infancia aparentemente le ponen enfermo. En épocas lejanas la voz de su madre tenía un efecto persistente: "¡Oh, ¡Chico mío, pero no vas a llorar! ¡Los chicos no lloran!" En la meditación sobre este sueño P. pudo revivir el sueño y esto le llevó a su infancia; otras regresiones meditativas abrieron el acceso a muchas lágrimas reprimidas que no pudo llorar.

Los sueños pueden advertir de peligros. A veces enseñan que hay algo "peligroso". Un sueño puede demostrar una exageración de la autoestima, puede hacer sentir debilidades y puede desvalorizar actitudes. El sueño refleja, a menudo de modo reducido, una situación, es decir, en el sueño el hombre es llevado a su realidad interna verdadera. Muchas veces un sueño demuestra la importancia que uno deniega, destaca lo bloqueado, y hace sentir insistentemente lo descuidado. Lo que uno rechaza y abandona, surge en un sueño, a veces junto con una retro-visión a la infancia, a veces con una visión futura, ampliando las posibilidades de desarrollo.

Sin duda podemos determinar un tercer principio: *Un sueño*

informa, analiza, describe, comenta y valora la vida; el sueño establece valores y calidades. A menudo un sueño ofrece soluciones para problemas de todo tipo. Sus informaciones y sus valoraciones son siempre correctas. El problema de no poder aprovechar o aplicar esto se halla en la interpretación de los sueños, y no en el sueño mismo.

De esto podemos concluir un cuarto principio: *El sueño se basa en una inteligencia que construye el mundo onírico, siempre enfocando algo de la vida de la persona que sueña.*

Para esto utilizo el término "inteligencia absoluta del alma". Esta inteligencia trabaja en cierto modo sin fallos, puede percibir todo lo que concierne a la vida interna y externa de la persona que sueña. También percibe realidades que están fuera del alcance de la persona. Tiene acceso al pasado, al futuro y al plano de vida de una persona. Es cierto, esta inteligencia absoluta del alma tiene el acceso al espectro psíquico entero de una persona. No se puede forzar esta inteligencia, tampoco manipularla según el gusto individual. En cuanto es "absoluta". También podemos decir: La inteligencia del alma es el espíritu absoluto en el hombre que habla al yo a través de imágenes y símbolos, de palabras y acontecimientos.

La pregunta "¿Para qué?", el que sueña, la experimenta directamente en su propio material. *Los sueños operan creando el desarrollo, advirtiendo muchas veces, siempre dando consejos y educando al hombre. En este sentido los sueños actúan de forma "andragógica", es decir, conduciendo y educando al hombre.* Éste es el quinto principio.

Y finalmente el sexto principio: *La lengua onírica, es decir las imágenes oníricas y sus fuentes de significado, puede ser tan múltiple como las expresiones del arte, de la ciencia, de la literatura, de las experiencias diarias y de los sentimientos.* Por esta causa la lengua onírica es algo difícil; hay que aprenderla como un idioma extranjero. Los sentimientos en un sueño pueden ser tan diversos como el origen del material onírico. El resto del día tiene importancia como los arquetipos. Todo el inventario general de la vida y del mundo, es decir todo lo que existe en el mundo, puede operar como elemento onírico. A veces podemos interpretar una serie larga de sueños como una unidad completa. Hay muchas causas para esta tesis: Todo lo que está fuera, puede llegar a ser algo en el interior — al revés; todo lo que existe en el mundo interior, puede llegar a ser algo fuera. El mundo psíquico interno puede recibir formas tan abundantes como el mundo exterior y real.

En este breve intento de explicar los sueños hay unas suposiciones que se pueden verificar en el sentido científico. La rectitud de los principios mencionados solamente la experimenta el que se dedica a la experiencia onírica y que aplica sus consecuencias. De todos modos, el ser psíquico del hombre se puede determinar sólo parcialmente con los métodos científicos exactos. El concepto de la inteligencia absoluta del alma se puede probar tan poco como el amor, la sabiduría y la transcendencia.

Cada uno puede experimentar una parte esencial de su vida, su mundo psíquico interior, elaborando conscientemente sus sueños. El esfuerzo para la auto-realización recibe su orientación interior a través de los sueños. Así profundizamos en la experiencia del mundo externo y ampliamos, con una dimensión más, el pensar racional y tecnológico. La vida se muestra en su abundancia total por la experiencia interna de las imágenes y los símbolos del alma. Los sueños dan consejos y tienen fuerzas de curación. Los sueños también son un conductor de vida muy severo, a veces sin compromiso. El que busca sus profundidades por sus sueños, puede encontrar mucho de lo que el hombre está aspirando ya desde las épocas primitivas. *No existe ninguna otra fuente equivalente a los sueños.*

1.3 La imaginación: La auto-renovación por las imágenes del alma

Hay muchos términos que enfocan el tema de la imaginación: Sueño diurno, visualización interna, meditación de imágenes, entrenamiento autógeno a nivel alto, vivencia de imágenes deseadas o evocadas por un afecto (en alemán: "katathym"). La meditación de curación, el entrenamiento de "alfa" y la cibernética psíquica al final son nada más que ejercicios de imaginación.

La imaginación es muy similar al sueño: En ambos se trata de una experiencia interna de imágenes, en los sueños los procedimientos casi no pueden ser influidos, mientras la imaginación permite una creación muy activa y variada de las imágenes. Todos los principios sobre los sueños también tienen importancia para la imaginación.

1) Las imágenes tienen un significado determinado que se refiere a la vida de la persona que está meditando.

2) El procedimiento interno de las imágenes refleja de modo múltiple la vida interna y externa de la persona que hace la imaginación; también aquí hay varias formas de resonancia.

3) La imaginación dirigida informa, analiza, describe, comenta y valora la vida de la persona que está meditando.

4) la imaginación se basa en la inteligencia que crea este mundo de imágenes: la inteligencia absoluta del alma. Esta inteligencia puede percibir todo, también lo que está fuera del alcance de la conciencia de la persona.

5) Las imágenes internas dan consejos, operan con intento educativo, crean el desarrollo.

6) La imaginación contiene todas las formas de expresión que nos ofrece la variedad de la vida: una vez preponderan imágenes del inventario de las experiencias personales, otra vez símbolos con un carácter arquetípico; una vez "hablan" más los sentimientos, otra vez las figuras. *La imaginación es la lengua del alma.*

7) Aquí podemos añadir otro principio: *Operar de modo activo con las imágenes y los símbolos forma el material del inconsciente.*

Estos siete principios fundan las prácticas de la imaginación. También explican el fenómeno de la intuición.

Podemos promover el autoconocimiento con la imaginación. La imaginación es la verdadera fuente de conocimientos psíquicos que permite explorar toda la vida interna y externa – una tesis esencial que quiero ilustrar con unos ejemplos:

1. Siéntate cómodamente, cierra los ojos, relájate un momento, e imagínate un espejo. Luego di: "Ahora quiero ver en este espejo interior lo que se esconde detrás de mi máscara."

Uno puede ver un sombrero de Napoleón sin cara. Otro quizá vea unos perros ladrando. Una mujer quizá vea a una bruja de un cuento que vuela sobre una escoba. También pueden aparecer dragones, niños obstinados, una serpiente amarilla y negra, una pantera negra, unos ojos miedosos, etc. – Todo esto son imágenes que demuestran a la persona que está meditando su cara interior, a veces muy directamente, a veces como una alegoría.

2. Para el autoconocimiento general podemos utilizar varios motivos de imágenes. La "casa del alma" es un motivo imaginativo que explora la multitud de las fuerzas vivas de una persona. Empezando esta meditación dices: "Ahora quiero ver una casa que refleja mi forma de vivir y mis fuerzas psíquicas."

En la imaginación podemos entrar en la casa e investigar todas las habitaciones y salas, desde el sótano hasta la buhardilla. Un salón frío y oscuro demuestra en su mayoría que falta calor de corazón. Una cama de estilo prisión, muy antigua y de hierro, indica condiciones en el dormitorio propio. Un montón de vajilla no lavada esclarece cómo la persona está viviendo psíquicamente: sin lavar, siempre "cocinando" y "comiendo", quizás con la vajilla todavía sin lavar. Algunos encuentran en la buhardilla un montón de basura, el material no elaborado del pasado. Uno encuentra en el sótano quizá figuras prisioneras, niños encerrados, bichos y no raramente una inundación. Y la fachada de la casa brilla.

3. Los temas psíquicos podemos elaborarlos de forma simple y objetiva: El que quiere ver sus cadenas interiores, puede imaginarse que está encadenado y en prisión. Las imágenes le enseñan el modo de su no ser libre y sus causas.

4. Las imágenes de la imaginación son formas de expresión de realidades psíquicas. Los caballos, por ejemplo, indican fuerza vital. En la meditación se puede imaginar una granja, y ahí se puede buscar los caballos. Algunos encontrarán caballos encerrados, magros y descuidados.

5. Otra variante de la imaginación, la regresión orgánica, puede ayudar a curar un sufrimiento psicosomático, y también otras dificultades de vida. El que tiene dolor de cabeza, puede en la imaginación entrar en su cabeza, e imaginar el cerebro con muchos cuartos y pasillos, y ahí buscar las causas. Uno puede descubrir quizá un volcán, la alegoría de ira estancada; otro ve dos figuras que se pelean, el despacho, los niños, la tía, el jefe. Cuando en esta

imaginación echamos estas figuras afuera, se relaja la tensión en la cabeza en general bastante rápidamente.

De modo similar podemos buscar las causas de diversos sufrimientos: Historias con el estómago pueden clarificarnos si entramos en el estómago que nos imaginamos como en una gruta. En las imágenes psíquicas se demuestran las experiencias no superadas. El que tiene, de vez en cuando, una opresión en el corazón, puede visualizar quién o qué le oprime el corazón. En vez de superar un modo exagerado de fumar solamente con disciplina, podemos empezar a reconocer paulatinamente sus fuerzas que le empujan a fumar: "¿Cuáles son las fuerzas que me empujan continuamente a fumar demasiado?" O: "¿Quién está en mi dormitorio y quiere impedirme dormir?" – En la meditación las imágenes nos enseñan las respuestas a tales preguntas. La imaginación es una forma de psico-diagnóstico simbólico. Operando directamente con las imágenes, elaboramos al momento el material psíquico.

Hay muchas más aplicaciones de la imaginación que aquí puedo indicar solamente de manera breve.

Podemos utilizar la imaginación para la relajación y la revitalización. Las imágenes psíquicas esclarecen las dificultades de pareja.

Pueden también enseñar por qué justamente ahora uno está deprimido. La visualización da respuestas inteligentes a preguntas como, por ejemplo: "¿Es mejor hacer esto o eso?" En vez de buscar penosamente el significado de un sueño confuso, podemos imaginarnos el procedimiento del sueño, y luego hablar con el inventario de la imaginación y del sueño: "¿Qué significa esto? ¿Qué quieres decirme? – Transfórmate en otra imagen para que pueda comprenderte mejor." También podemos ampliar las regresiones hasta el tiempo prenatal con símbolos que nos sirven para operar en la imaginación. Con la imaginación dirigida y activa podemos operar flexiblemente y elaborar así todo el pasado. De este modo cada uno puede liberarse de sus cadenas psíquicas y desarrollar sus fuerzas dormitando. En cada tipo de imaginación podemos llamar al "sabio", la imagen alegórica de la inteligencia absoluta; Esto es el dialogo directo con el espíritu absoluto en el ser humano.

Se entiende que la riqueza inmensa de la vida psíquica exige un cierto esfuerzo, si uno quiere efectivamente encontrarse y transformarse a sí mismo. A veces la resistencia es fuerte. Nadie quiere perder sus ilusiones. Nadie quiere preguntar críticamente sus imágenes ideales de sí mismo. Y es normal que no queremos sentir otra vez un sufrimiento del pasado. Las creencias adaptadas por la educación son tenaces. Es penoso enfrentarse otra vez con sus conflictos no elaborados. Las creaciones de la temprana infancia tienen raíces profundas. Los hábitos son tan naturales que a casi nadie le piensa que pudiera reconocerlos como cadenas que estrechan nuestro pensar y nuestra forma de vivir.

La imaginación nos permite sobre todo experimentar que nuestra psique influye fuertemente en nuestra vida. Él que se dedica a su vida psíquica, puede en breve reconocer que muchas veces no podemos servir al mismo tiempo al dinero o al mundo de la racionalidad y a la vida psíquica. A veces una persona tiene que establecer sus prioridades. Algunos tienen quizá que construirse un fundamento psíquico enteramente nuevo, porque otra cosa sería una chapucería.

La imaginación es un instrumento elemental de la psicología profunda para el autoconocimiento y la transformación de sí mismo. Este método permite una óptima creación de la vida y la renovación total hasta el estrato más profundo del alma.

1.4 La visualización extrasensorial: El tercer ojo lo ve todo

La visualización extrasensorial es, de verdad, nada más que la imaginación sobre hechos psíquicos y reales ajenos, a los que la persona que medita no tiene un acceso directo. En vez de preguntar

"¿Quién soy yo?", podemos preguntar "¿Quién es el Señor X, o la Señora Y?" – Nuestra percepción extrasensorial es capaz de asir todas las situaciones psico-espirituales externas. Tomamos por ejemplo un anuncio, en el que garantizan "misterios guardados óptimamente". Es suficiente tener a mano el anuncio, cerrar los ojos y preguntar al sabio: "¿Qué misterios me ofrece esta institución? ¿Qué puedo experimentar ahí?" "¿Y qué van a hacer las personas allí conmigo?" O, cuando un político habla, los oyentes pueden cerrar sus ojos, y reconocer, visualizando, lo que este político no dice, y lo que él hace con la gente. Otro ejemplo: Algunos no saben bien lo que opinan de la astrología, de sanadores espirituales y de los "iluminados". Aquí también nos ayuda la visualización para comprender estas realidades psíquicas. La inteligencia psíquica absoluta posibilita explorar con la imaginación tales mundos psíquicos ajenos.

De modo similar a la regresión orgánica, que he explicado en el capítulo anterior, cada uno puede hacer una meditación (una visualización) sobre el sufrimiento de otras personas. El procedimiento es el mismo, cerramos los ojos y preguntamos hacia el interior: "¿Por qué está esta persona enferma?" Así, con imágenes interiores, podemos explorar las condiciones psíquicas que causan el sufrimiento. También podemos, con tal meditación y preguntando precisamente, buscar las soluciones para el problema de otra persona. En la visualización podemos visitar cualquiera institución y experimentar con preguntas determinadas las realidades psico-espirituales. Nada queda escondido frente al "tercer ojo". Las distancias no tienen importancia. A veces es suficiente saber el apellido de una persona para tener acceso a su mundo psíquico. El tiempo tampoco tiene importancia. En tal meditación podemos echar un vistazo al pasado de una persona, es parecido a las regresiones de la infancia propia. "¿Qué infancia tenía esta persona? ¿Cómo le trataba su padre en la niñez?" Preguntas de este tipo abren el acceso al alma viva de otros hombres.

El alma es como una vasija: Desde el momento de la procreación, esta vasija se llena con experiencias que permanecen vivas como fuerzas psíquicas. En el curso de los años se aumenta enormemente este almacén de fuerzas vivas que no, raramente, causan sufrimientos trágicos. La imaginación y la visualización son unos métodos de percepción psíquica que permiten a reconocer el inventario de esta vasija del alma.

La gran dificultad de la visualización se halla en la *interpretación del inventario de imágenes*. Resultan las mismas dificultades que conocemos en la interpretación de los sueños y de la imaginación. La comprensión de tal experiencia interior depende también de la resistencia propia de la persona que medita. *El nivel de la propia individuación es ampliamente decisivo en la comprensión de las realidades psíquicas ajenas.* La interpretación exige la integración del estado de conciencia *propio.* Cuanto más conoce uno sus condiciones internas, y cuanto más experimenta uno en su vida propia lo que incluye la psique, tanto más diferenciada resulta su interpretación de la visualización.

Comparamos la visualización extrasensorial con lo que hacen los clarividentes, los adivinos, los astrólogos, los médiums y los quiromânticos, podemos reconocer que ellos finalmente no hacen nada diferente que visualizar. Para la visualización no necesitamos los posos de café. Tampoco es necesaria la nigromancia para experimentar el mundo psíquico de otra persona, ni cualquier cálculo complicado. Tampoco el "tarot", el "I Ging" y la bola de cristal pueden clarificar más que lo que cada uno puede ver con la visualización. La visualización revela cada fachada y máscara. La percepción reconoce el pensar escondido, y también los planos de destino en el alma de una persona. Esta técnica de la percepción extrasensorial se puede aprender. Pero es necesario evaluar muchos resultados, practicarla regularmente y hacer algunos intercambios con otras personas que ejercen también este método.

El ser psico-espiritual del hombre es un hecho objetivo que no podemos denegar con los modos de pensar racional. El mundo psíquico interior exige una comprensión de la verdad que es más difícil que en la ciencia social empírica. Cuanto más aumenta la auto-realización (la individuación) de una persona, tanto más esta persona puede abarcar las realidades humanas con los sueños, la imaginación y la visualización. En este trabajo de llegar a ser uno mismo muy pronto uno puede reconocer que el ser exterior de una persona en general es un bastidor y una máscara. Detrás se esconden casi siempre realidades psíquicas enteramente diferentes. Lo que los hombres toman como "correcto" y "verdadero", en general es sólo una expresión de su educación, de su formación y de la percepción selectiva. Cuando una persona, una vez que ha progresado un poco en el desarrollo de sí mismo, empieza a percibir el mundo con el tercer ojo, hará afortunadamente la experiencia que entre los hombres hay una solidaridad inconsciente colectiva que exige: "El alma no debe existir. Está prohibido revelar el mundo psíquico interior. ¡El que a pesar de esto lo hace, va a ser castigado por exclusión de la comunidad!"

Oso declarar: la visualización extrasensorial es – aparte de la práctica psico-energética (ver: El misterio de la energía psíquica) – el poder espiritual más grande que el ser humano tiene en este mundo a su disposición.

La percepción psíquica explora el mundo entero de los símbolos. Y los símbolos posibilitan una experiencia rica y viva de valores y de sentidos psíquicos sobre la que la racionalidad solamente puede especular. Los símbolos son las llaves, los indicadores y las herramientas para ampliar la conciencia, para formar el mundo psíquico interior y para interiorizar las calidades psíquicas. Operando con los símbolos el hombre puede explotar el cosmos psico-espiritual entero, y experimentándolo renovarse a sí mismo. Los símbolos también abren el acceso a los misterios del ser humano. En este sentido los símbolos son la llave de los "siete sellos". En los rituales psico-energéticos, operando con los símbolos (y sobre todo con los arquetipos), podemos experimentar vivamente los misterios más profundos del ser humano – y esto va enteramente contra los dogmas que impiden totalmente esta experiencia.

Ahora conocemos las herramientas para formar el ser humano en el futuro: Las imágenes y los símbolos del alma son el fundamento para este ser humano nuevo. Los métodos que operan con las imágenes y los símbolos – la interpretación de los sueños, la imaginación, la visualización y los rituales psico-energéticos – promueven la individuación. Cada uno que quiere operar con estos métodos, puede encontrarse a sí mismo, renovarse a sí mismo y realizarse a sí mismo hasta la meta mayor de la individuación total.

> *La individuación es el sentido de desafío*
>
> *más profundo y el tema central de la*
>
> *existencia del ser humano.*
>
> *La individuación significa el despliegue*
>
> *de una libertad psíquica total*
>
> *y de una vida enteramente equilibrada.*

2. La línea directiva para la individuación desde el alma: Orientaciones y objetivos para un futuro abierto al crecimiento psíquico.

2.1 El "sí-mismo" ("the Self"): El enfoque del ideal sobre el hombre auto-realizado

Sobre el "sí mismo" y la estructura psíquica – La auto-realización como desafío de la vida

Cuando uno se para un momento, se retira del ajetreo diario, quizá empieza a sentir un deseo de auto-realización. ¿Pero qué es esto? Muchos hombres experimentan las exigencias del entorno – demandas profesionales, compromisos sociales – como una alienación de sí mismo. Sienten en sí otras necesidades y otras convicciones. Algunos ciertamente han experimentado que pueden vivir el sí mismo, mientras que intentan cumplir las demandas del entorno. Hay personas que, en todo lo que hacen, preguntan lo que los otros podrían pensar, decir y querer. Los hombres se muestran raramente a los otros como son en realidad; tienen miedo de la crítica y del rechazo. Algunos siempre ofrecen su ayuda, sin darse cuenta que con esto favorecen en los otros la actitud: "Él/ella ciertamente va a hacer esto para nosotros." Uno tiene una "carrera de asilo de jóvenes" o una vida de familia rota, otro es minusválido, un tercero está preocupado por su adicción, algunos tienen que guardar cama un período largo y muchos se hallan aislados socialmente. Hay muchos motivos (causas) para que el tema de la auto-realización sea tenido en cuenta solamente con cinismo y falta de comprensión.

Llegar a ser sí mismo desde el centro psíquico interno es la demanda de la vida, así dice una tesis básica de la individuación. La necesidad de la auto-realización se ve en muchos hechos en la vida diaria. Es difícil no "prostituirse" en una situación de apuro personal, económico o laboral. En la lucha de la vida, dentro de un entorno donde solamente el dinero y los bienes tienen importancia, solamente las fuerzas estables pueden mantener firmes sin daños. Una estabilidad psíquica debe probar su eficacia también bajo presión existencial y social. ¿Pero dónde puede el hombre fijarse, sino en dogmas, ideologías, poder y dinero? ¡Rápidamente uno se desperdicia por un "trozo de chocolate"! Es fácil dejarse engañar por un gesto amable, sin darse cuenta, que esto solamente promueve callarse y ser de la partida. La necesidad de recibir aprecio y el miedo al castigo muchas veces llevan a una persona hasta su suicidio moral total, también cuando los "arreglos" y la solidaridad con los hechos casi no son perceptibles desde el exterior. La impotencia frente a la economía y la política empuja a muchos hombres a una auto-humillación psico-espiritual. Muchos buscan la seguridad material, y nunca tienen la idea que también podrían construirse su seguridad psíquica. Unos se construyen su casa, se deslindan del mundo, sin jamás haber oído que también podrían construirse una casa psíquica con un deslinde psíquico.

Cuando una persona quiere desplegarse y realizarse, quizá al inicio quiere saber lo que puede desplegar: ¿Qué contiene la totalidad psíquica? ¿Qué significa el "núcleo (centro) del ser humano"? ¿Cómo se procede en este proceso del auto-despliegue? El término "sí mismo" ("Self") tiene una gran variedad de definiciones. Las explicaciones, que doy a continuación, dan una visión general sobre la riqueza de las ideas de muchos autores de la psicología y del esoterismo.

El "sí mismo" abarca, en suma, la totalidad de la psique. La totalidad contiene la suma de todos los hechos conscientes e inconscientes. Así la totalidad psíquica no tiene límites y es casi indefinible. Incluye también todos los procesos de aprendizaje psíquicos y sus apariencias. El cuerpo y las funciones psíquicas forman parte de esta totalidad. – Algunos modelos sobre el sí mismo contienen las dimensiones de la personalidad y elementos como el yo, el "superyó" y la conciencia.

Unos autores definen el sí mismo como un producto del crecimiento "normal", de la adaptación, de la socialización y de la educación. Otros autores especifican el término como la "última fase de la individuación". Unos hablan del "auténtico núcleo interior de la persona" desde su nacimiento. Y finalmente podemos leer que con esta palabra determinan el "derrumbamiento y la unificación de todas las oposiciones".

El sí-mismo (el "uno y compacto en todo") en la profundidad del hombre, el núcleo de la existencia y el centro de la totalidad; así lo enseñan algunos autores. De vez en cuando el término sirve de etiqueta incluyendo todo: "El sí mismo es al mismo tiempo el punto medio y la extensión del inconsciente y de la consciencia, es el inicio, la vida, el final de toda existencia."

El "sí mismo" como sujeto de la psique entera en su mayoría está por encima del yo, es más amplio que el yo y polariza el yo. El sí mismo es origen y cumplimiento del yo. Está en el corazón.

Según algunos autores el sí mismo es también: Una alegoría de Dios, el dios en el interior, el ser puro, la conciencia, la libertad infinita. Aquí el sí mismo es inmortal, no destructible, divino y religioso. Muchas veces hablan también de las "fuerzas activas". Otros definen el sí mismo como algo vivo, el principio integrador, la fuerza activa del crecimiento. El sí mismo da orientación, domina todo y actualiza todas las posibilidades psíquicas. Además, transciende la conciencia, es decir que traspasa el borde de este mundo.

Otros autores abordan el asunto al revés: Hay que formar, realizar e integrar el sí mismo; el sí mismo está enterrado, cubierto y escondido.

Después de todo esto uno ciertamente pregunta "¿Qué puedo hacer yo con todo esto?" Pues, en el mundo domina la falta de paz, el egoísmo y la angustia. La codicia y la avaricia no encadenan a la vida diaria; por lo tanto, la vida psíquica no tiene mucha importancia. Las guerras empiezan desde nuestros pensamientos y sentimientos. Casi en todos los sitios domina el ego. El aislamiento interno y la deficiencia social producen dolores psíquicos. También parece que el hombre no quiere vivir sin violencia. Con todo esto las definiciones y las determinaciones de este término "sí mismo" parecen ajenas a la vida y no muy comprensibles.

Además, el término "sí mismo" recibe unos perfiles de significado por la confrontación con el término "yo". El yo es el centro de la conciencia, no es lo verdadero, es superficial. Unos entienden el yo como instancia psíquica, mientras otros lo consideran idéntico al "alma". Existen innumerables combinaciones en el uso d este término, lo que significa que existen diversas opiniones en la psicología y en el esoterismo. A veces consideran idénticos el "yo" y el "ego", mientras que a veces separan el "ego" en "el ego empírico" y "el ego superior". Esta diferenciación indica un aspecto moral, es decir, por un lado, hay "malas raíces" del yo en el mundo minusválido, y por otro lado está el cumplimiento con valor alto del yo en la espiritualidad. Sobre todo, algunos autores del esoterismo remiten al yo que está arraigado en lo material, en el placer, en la pulsión y la racionalidad; y dicen que debemos amortiguar este yo. Exigen además que debamos soltar la predominancia del ego, fijado al mundo y al placer, a favor de un "yo con mayor valor".

Otras definiciones son un poco más libres de una valoración moral, por ejemplo: "El yo es el individuo humano consciente de sí mismo", o: "El yo es la suma de todos los contenidos del (ser) consciente y el lugar dónde empieza toda la creación del desarrollo". Según estas definiciones el yo no está únicamente arraigado en el mundo; También puede contener contenidos divinos, espirituales y transcendentales. La percepción que tiene presente el sí mismo puede contener todo, y solamente está limitado por los puntos de vista aprendidos.

Las palabras "llegar a ser sí mismo" o "auto-encuentro" (auto-realización) producen bastante confusión. El espectro de los significados es amplio y parcialmente contradictorio. Tampoco la literatura científica ha producido ninguna definición clara. Pero en las definiciones se refleja la historia occidental y cristiana. Cuando tenemos en cuenta esta historia, tenemos motivos para ser escépticos, pues sabemos de los extravíos en la espiritualidad, en la supresión de la vida social y de los sentimientos, del despotismo, del abandono de todas las debilidades y de todos los pensamientos alternativos, del desprecio del ser humano en las leyes religiosas y sobre todo de la incapacidad de amar. La auto-realización es también una cuestión política. Por lo tanto, hay motivos para demandas prácticas: La auto-realización tiene que promover la calidad de vida y la salud; La auto-realización tiene que favorecer la vida social también con las minorías, y debe realizar la paz; La auto-realización debe dirigir la creación del medio ambiente y la conducta del consumo, soportando constructivamente la vida, también para los hombres que viven en el futuro.

En nuestra sociedad tecnocrática cada uno tiene sus ideas propias sobre la auto-realización. Empieza con la forma de vivir "moderna", está determinada por cuestiones como amueblar la casa, el tipo de coche, las actividades en el ocio y el desarrollo profesional. La auto-realización significa para muchos: "Yo hago lo que quiero."

La auto-realización influye por un lado en la vida social, por otro lado, en el estilo de vivir personal. Enfrente están los componentes de la estructura psíquica que también ponen desafíos decisivos.

Una nueva definición del "sí mismo" probablemente sólo aumenta el espectro de las opiniones. Pero podemos sacar de estas definiciones innumerables unas características que pueden ayudar a poner un poco de orden en la confusión de tantos términos. Para esto es útil tomar unos aspectos de la estructura psíquica. En lo siguiente voy a desarrollar un esbozo de la estructura interpretativa. El modelo debe ser eficaz en su trato en la vida diaria; por supuesto se pueden añadir otras interpretaciones.

Sin entrar en una discusión de prueba podemos determinar tres componentes esenciales de la estructura psíquica:

1) *Los complejos psíquicos del hombre:* Los complejos son las fuerzas psíquicas del hombre, formadas individualmente. El hombre incorpora desde su procreación todo lo que le rodea y todo lo que ocurre con él. Este material se graba en su "memoria psíquica": Conflictos, choques, recelos, sentimientos, ideas, valoraciones, creencias, fuerzas de pulsión. Sigue la culpa o una culpa sugerida. Mucho de lo que cada uno incorpora toma una forma psíquica dinámica, sin desarrollo y de forma arcaica, que luego sigue viviendo en el mundo interior. Lo débil, lo desamparado y lo destructivo carga la vida psíquica. Las capacidades y las habilidades se transforman a través de su actuación emocional en temas de significado psíquicos. El pensar entero, el sentir y el actuar se transforman en fuerzas psíquicas (imágenes de experiencia), y estas fuerzas luego influyen en el pensar, en el sentir y en el actuar. Las fuerzas opuestas continúan viviendo en el inconsciente. Las lágrimas no lloradas crean bloqueos. Mucho en el hombre es enterrado, olvidado y reprimido, sin embargo, se mantiene

operando con más efecto de lo que la conciencia podría percibir. Los complejos crean la vida desde el interior y enlazan a los hombres con su energía psíquica. Pues cada imagen de significado determinado contiene y activa siempre la energía psíquica, formada según su sentido. Aquí se hallan los argumentos para las tesis: El pasado vivido determina nuestro futuro; Los hombres están ligados, uno con otros, en su inconsciente común.

2) *La inteligencia absoluta del alma* es el segundo componente esencial. Es la fuerza espiritual que nos procura, por los sueños y las meditaciones, todas las informaciones verdaderas, que valora según un sistema de normas propio. La inteligencia del alma es un regulador y la fuente de la vida. Es el absoluto y el espíritu divino supremo en el hombre. En cierto modo es el centro del alma. La inteligencia absoluta ordena y selecciona, comenta y examina, retine el contenido de la conciencia y del inconsciente. Esta fuerza también tiene acceso a dimensiones y espacios que están fuera del alcance consciente y material (físico). La inteligencia absoluta del alma es aquella fuerza activa que crea los sueños y las meditaciones (imaginación, contemplación visualización) de forma inteligente sabia y que dirige la vida. Es la fuente de la intuición y conduce mucho en la vida de lo que para nosotros parece puramente accidental.

3) *La percepción extrasensorial* es el tercer componente de la estructura psíquica. Tal como nuestros ojos pueden percibir y organizar cosas y espacios, tal puede el "tercer ojo" abrirnos visualmente otras dimensiones. La imaginación alumbra dificultades de la vida, clarifica sufrimientos psíquicos y corporales, nos demuestra conexiones y nos ofrece soluciones más amplias de lo que podemos racionalmente. Con la imaginación podemos comprender y transformar eficazmente los complejos psíquicos. La visualización extrasensorial, una variante de la imaginación, nos abre puertas a mundos psíquicos ajenos. Nuestra posibilidad de sentir y operar la energía psíquica y cósmica es una capacidad que forma parte de la percepción extrasensorial.

Cuando ponemos los elementos del término "sí mismo" en el contexto de estos tres componentes de la estructura psíquica, podemos esbozar el modelo siguiente como concepto del "sí mismo":

El "sí mismo" incluye la totalidad de la vida psíquica de una persona, esencialmente todo el inventario de la memoria y de la psique. La inconsciente forma parte de esta totalidad. En la medida que integramos los complejos propios en la conciencia, crece la unidad integrada consciente. Y, cuanto más están equilibradas y "reconciliadas" las fuerzas psíquicas y todos los temas (los elementos con un significado), tanto más la suma de todas las partes llega a ser una totalidad armónica.

También la inteligencia absoluta forma parte de esta totalidad. Cuanto más experimentamos conscientemente este principio conductor y lo integramos en el modo de vivir, tanto más crece la totalidad psíquica. Podemos ilustrar esto con una imagen: El espíritu es el centro del "sí mismo". Esta inteligencia psíquica absoluta es el verdadero principio de todas las fuerzas psíquicas que estructura (los elementos a su totalidad). Solo ella puede cumplir la totalidad armónica.

Las fuerzas psíquicas están entrelazadas interior y exteriormente de múltiples maneras por su energía psíquica. Toda la vida humana forma la energía cósmica (en nuestro entorno) y modela al mismo tiempo la energía psíquica en nuestro cuerpo. Por esto tanto nuestro cuerpo como el mundo psico-energético forman parte de la totalidad. Esta energía espiritual es individual y colectiva al mismo tiempo. La energía psíquica de cada uno está implicada en una complejidad inmensa con el mundo exterior. La totalidad está completa cuando las fuerzas psíquicas están centradas, formadas y controladas. Por lo tanto, el "sí mismo" se forma en su totalidad psíquica con un deslinde óptimo frente al mundo exterior.

También la percepción (visualización) extrasensorial y aquella capacidad, que integra, experimenta y puede (trans-) formar el contenido psíquico, forman parte de la totalidad. Cuanto más formamos esta capacidad, tanto más creamos la totalidad consciente. Por eso decimos que esta función psíquica forma parte del "sí mismo". Los modos de trabajo, informativos y creativos, son: Los sueños, la imaginación, la visualización extrasensorial, el trato de la energía psíquica y el manejo de la energía cósmica (los rituales).

Finalmente determinamos todas las expresiones psíquicas como partes del "sí mismo". El mundo exterior es una apariencia imaginativa del mundo psíquico. En el cuerpo reconocemos a menudo claramente, como el alma influye en el cuerpo. El trato del cuerpo, incluida la sexualidad, refleja muchas veces el carácter real de las fuerzas psíquicas. Crear el mundo psíquico significa casi siempre también crear el mundo; y la creación del mundo exterior opera formando las fuerzas psíquicas internas. Mucho de lo que creamos en el mundo exterior, sea negativo o positivo, surge del alma: de los complejos y de la inteligencia psíquica absoluta.

Por medio de este esbozo de un modelo sobre la auto-realización (o: el llegar a ser sí mismo) podemos construir un concepto integrador de gran alcance, El llegar a ser sí mismo y la auto-realización significan en el contexto de la psicología profunda y del esoterismo:

Tener consciente el material inconsciente: Siempre más conciencia sobre la vida psíquica propia y ajena, y sobre el mundo espiritual y psico-energético.

Integración, transformación y creación: Transformar lo que está mal formado, limpiar lo que está "sucio", armonizar la desarmonía, relativizar en todos los lados el totalitarismo (en el pensar y juzgar), integrar lo que está abandonado y denegado, desplegar la creatividad, asimilar lo ajeno, promover el nuevo crecimiento.

El mundo exterior llega a ser una expresión del mundo interior: *Lo que está en el mundo interior puede mostrarse en el exterior; no hay nada que separar, abandonar, condenar, esconder y reprimir. Todo lo que queremos que esté fuera en el exterior, está centrado y controlado en el interior, y enriquecido por la fuente del espíritu. El modo de vivir, las formas del pensar, la conducta y la expresión verbal llegan a ser una expresión del alma integrada. Así se desarrolla más y más al mismo tiempo el arraigo en el alma y en el mundo.*

El crecimiento de las funciones psíquicas que crean la vida:

Aumenta la capacidad de operar con los sueños, con la imaginación, con la visualización extrasensorial y con la energía psíquica y cósmica. Al mismo tiempo crecen la concentración, la vigilancia, la percepción clara y el deslinde psíquico frente al mundo exterior.

Centralización en la inteligencia absoluta del alma: *Todo el proceso del llegar a la conciencia, la integración y la formación de la vida psíquica, y el modo de vivir y crear en el medio ambiente están centrados, arraigados, equilibrados y reconciliados en todos los lados en este espíritu. La unificación de las oposiciones y las contradicciones procede desde esta inteligencia absoluta. La visión de la vida siempre está dirigida también hacia el mundo interior: Las imágenes del alma llegan a ser la fuente de los conocimientos psico-espirituales, de la sabiduría y de la vida.*

El llegar a ser sí mismo y el principio psíquico conductor – Construcción de la estabilidad interna

Las determinaciones de los términos y los esbozos de modelos se enfocan en un marco general hacia la auto-realización. Todavía falta la conexión con la vida diaria. La situación de la vida de los hombres singulares casi no podemos conectarla con definiciones y conceptos. Además, la auto-realización concreta está enlazada con conexiones múltiples, individuales y biográficas. También el término "inteligencia absoluta del alma" como principio conductor todavía está en un estado bastante abstracto. Es por la teoría y por su interpretación que hemos indicado un tema que sólo en la vida diaria llega a ser un desafío real y vivo.

Ejemplo (A1): El llegar a ser sí mismo; Un esbozo desde el interior.

Es fácil introducir esta meditación: Siéntate cómodamente dónde quieras, relájate y haz la pregunta hacia el interior "¿De qué se trata exactamente con este llegar a ser sí mismo?" Luego concéntrate en las imágenes que surgen, sin influirlas. No hagas este ejercicio más de diez minutos. Después anota el material de esta meditación. Puedes completarlo con tus asociaciones. — Hay muchas posibilidades de ampliar esta meditación con elementos varios. Por ejemplo, imagínate un congreso de psicólogos donde hablan sobre el tema de la auto-realización. Entonces puedes intervenir en este escenario y hacer tu pregunta. También puedes integrar figuras como un sanador espiritual, un astrólogo, un médium, un esotérico u otros. Estas historias de imaginación dirigidas resultan un material rico de vivencias para clarificar la pregunta mencionada arriba. Tres extractos de meditaciones en grupo ilustran el espectro de resultados:

1) "Veo disputas en todos los lados. Cada uno piensa que su opinión es lo correcto; pero ninguno ve el diamante en el corazón. El llegar a ser sí mismo ocurre en el corazón. Hay que quitar todas las piedras y la basura que está alrededor de este diamante para que brille la luz. Aquí está el despliegue y la belleza. Desde esta vivencia se puede experimentar la verdad. Todo esto se puede alcanzar por un modo de programa que procede automáticamente, cuando uno tiende a su auto-realización. Así uno llega a su ser verdadero, y así se puede realizar de uno mismo un diamante. Es el hombre mismo que llega a ser una piedra preciosa mientras se convierte en un niño."

2) "En todos los lados los hombres hablan con confusión total sobre este asunto. Cada uno tiene su teoría de la auto-realización. Uno opina que solamente hay que creer. Otro dice que es muy fácil alcanzarlo, a condición de que sólo piense lo que *él* enseña. – Ahora veo claramente de lo que se trata en verdad. El hombre puede alimentarse de la fuente de vida interior que está en cada uno. Aquí solamente se reconoce con muchos esfuerzos la verdadera vida. Hay que acercarse desde varios lados siempre de nuevo al núcleo que está en el alma. Es como un mosaico que debemos realizar: Al comienzo apenas vemos una imagen; pero luego la imagen crece paulatinamente hasta su totalidad. El llegar a ser sí mismo es un deber de vida. El equilibrio que queremos alcanzar con esto,

tenemos que elaborarlo durante muchos años. Veo cómo los hombres son prisioneros en muchas cosas diarias; No son capaces de deslindarse de ellas. Todas las indicaciones no sirven de nada, cuando uno no quiere oír nada del tema. Y muchos solamente pretenden querer oír."

3) "El llegar a ser sí mismo llega con la unificación de las fuerzas opositoras. Es como el crecimiento en la naturaleza. Primero hay que elaborar los problemas, luego perder las cadenas, y finalmente uno puede acercarse a lo divino de su alma. En cada hombre hay una chispa que se puede encontrar en la meditación. En este proceso de la auto-realización, que yo veo como un camino pedregoso, se procede más y más a la reconciliación con Dios. En este camino se aprende a vivificar las fuerzas psíquicas muertas que se esconden bien camufladas en la "vida dulce". Muchos ejercicios y mucha experiencia de vida son necesarios para llegar a ser sí mismo. Veo como mucha gente habla de la auto-realización, y no se dan cuenta, que en realidad no saben casi nada sobre esto."

Comentario: Las imágenes meditativas, evocadas con preguntas directivas, demuestran no solo las condiciones psíquicas en uno mismo y en otros, sino informan, a veces con ilustraciones muy directas, sobre cuestiones objetivas. La persona que medita recibe las respuestas que debe integrar en su estado de conciencia actual.

Las experiencias imaginativas al mismo tiempo también estimulan el vivir de la persona que medita. Enfocan siempre el autoconocimiento y la auto-transformación. – Si extraemos la esencia de varios resultados de meditación, resulta lo siguiente:

Los hombres tienen muchísimas ideas del llegar a ser sí mismo. Primero, muchos opinan de esto: Autonomía, individualidad en el modo de vivir, elección libre de la profesión según las facultades y los talentos, y una actividad en el ocio con un máximo de obtención de placer. Las ideas sobre la vida y las creencias religiosas legitiman muchas veces las opiniones subjetivas y las formas de vivir. Pero en su mayoría hablan de la auto-realización sin el aspecto esencial, que prácticamente en todas las meditaciones surge de cualquier modo: "La chispa interior", "la fuente auténtica", "la luz", "el diamante". Es raro que podamos oír algo sobre el "proceso penoso" que es imprescindible para alcanzar este fin. Y finalmente en nuestro espíritu de la época no es habitual aceptar este proceso como un procedimiento controlado (dirigido) desde el interior.

Ejemplo (A2): El principio psíquico conductor.

La imaginación nos lleva (como en el ejemplo A1) a la experiencia psíquica del tema. Podemos poner varias preguntas, dirigiéndolas hacia el interior: "¿Existe la inteligencia psíquica absoluta? ¿Es este espíritu el principio conductor del llegar a ser sí mismo? ¿Se puede confiar enteramente a esta fuerza espiritual? ¿Nos ayuda esta inteligencia también en asuntos concretos de la vida? O bien, ¿Es apropiado este principio solamente para cuestiones psíquicas? Tres resultados de meditaciones son especialmente instructivos:

1) "Tengo un sentimiento como si los hombros estuviesen degenerados frente a esta fuerza. Nuestro pensar racional nos fuerza a participar al espíritu época. Esto nos hace inseguros y sin libertad. Pero siento en mí una fuerza que puede liberarme. Puedo aplicar esta fuerza dónde quiero. Alcanza dimensiones del más allá. Existe efectivamente una inteligencia en mí que me guía a través mi vida."

2) "Oigo una voz en mí; dice muy claramente: Si, estoy aquí, puedes acercarte a mí y tener confianza. Tú y yo, nosotros podemos formar una unión. Promuevo lo bueno. Dirijo tu crecimiento. Soy la medida verdadera. El pensar racional coarta. Yo soy universal, cósmico. Gracias a mí puedes tener una visión amplia, sobre todo."

3) "La inteligencia absoluta del alma existe en toda la vida. Siempre está en todos lados. Está dentro de todos los elementos. También esta inteligencia forma parte de mí. Veo ahora una luz y el sol: Aquí está la fuente auténtica. Todo crece desde esta

inteligencia. No podemos probar esta fuerza, sin embargo, es infalible. Me enseña todo y desde todos los lados. Es la voz interior y al mismo tiempo la fuerza que renueva todo. Esta inteligencia lo dirige todo, pero sin embargo nunca se impone sobre mí. Tengo que buscar esta fuente y que despejar en mí el camino hacia ella.

Comentario: Una pregunta crítica podría ser frente a tales resultados meditativos: ¿Es posible que estas experiencias meditativas solamente reflejen la idea subjetiva de la persona que medita? ¿Es posible que todo esto sea solamente lo que la persona ha leído u oído? ¿Se demuestra aquí lo que la persona ha aprendido anteriormente y guardado en su memoria? Preguntar es legítimo. Es demasiado fácil que un complejo se presente engañando ser el principio conductor del alma. En la historia humana muchos hombres han colocado por encima un asunto personal como principio conductor, y miles, sino millones, lo siguieron en guerras y desastre. No son pocos los hombres que ponen igual sus ilusiones llenas de placer con la inteligencia absoluta del alma.

El problema de la inteligencia absoluta del alma, junto con el llegar a ser sí mismo, llega a ser el tema central de la existencia de todo. Pues, cuanto menos puede operar un principio conductor como este, tanto más domina una multitud de complejos inconscientes, dominan también hechos exteriores (por ejemplo: Condiciones,

Ideas, Enseñanzas, Teorías, arbitrariedad). Otra centralización es subjetiva, determinada por la vida, ideológica o dogmática. Sin la inteligencia absoluta cada posición resultaría en cierto modo "correcta", también la posición que rechaza los valores de la vida.

Hay muchas herramientas esotéricas que pueden promover decisivamente el proceso del autoconocimiento y la transformación de sí mismo: Tarot, "I Ging", clarividencia, astrología, el péndulo y su práctica, etc. Pero echar una moneda o las cartas, o calculaciones de todo tipo son solamente maquinaciones arcaicas y mágicas que engañan a uno mismo y a los otros. No son necesarios para los asuntos en cuestión. Cada signo, cualquier imagen y muchas combinaciones variadas ofrecen un material útil para caracterizar un problema. Pero todos los patrones al fin y al cabo no son nada más que materiales de proyección. Lo que está dentro en la psique, podemos percibirlo con intuición de lo que está fuera en el exterior. También, la bola cristal es nada más que un instrumento que sirve para las proyecciones en la visualización extrasensorial. En el fondo siempre son las imágenes mismas que "hablan", y estas imágenes son creadas por el principio conductor.

La auto-realización significa también "vivir en el presente", en vez de vivir n el pasado o en el futuro. Es fácil decir esto, pero pocas personas pueden realizarlo en realidad. Pues antes es imprescindible elaborar entera y profundamente el pasado. Cada uno puede experimentar su situación sin rodeos complicados por la experiencia meditativa:

Ejemplo (A3): Vivir en el presente

La pregunta principal es: ¿Qué fuerzas psíquicas vivas del pasado tienen todavía un efecto activo en la vida del presente?

Para esto podemos invocar un mundo imaginativo, mientras que decimos: "Ahora veo en mi vivienda a las personas del pasado, con todo lo que formó parte de ellas, por ejemplo, ropas y muebles. Ahora están vivas presentes e influyen de modo oculto en mi presente." El resultado de una meditación puede demostrar, lo difícil y desafiante que la vida en el presente puede ser:

"En mi casa hay un caos tremendo. Mi madre vuela encima de una escoba en el salón. Mi padre desnudo está tumbado en mi cama. En todos los lados veo juguetes de mi infancia. Una muñeca viva golpea insistentemente a mi marido. Veo a mi marido encadenado a mi madre. Una carpeta del colegio está delante de la tele. En el armario hay faldas y suéteres de mi época escolar. Debajo de la cama hay cómics. La vajilla parece ser de la época de mi abuela. Mi hermano cocina una sopa de leche que todos nosotros debemos comer. Mi hermana roba dinero de la cartera de mi marido, ¿o de mi padre?"

Comentario: La madre domina el ambiente del hogar. Como bruja encima de una escoba también representa la femineidad suprimida, y todavía no liberada. La mujer que ha meditado todo esto parece tener una relación libidinosa con su padre, o una falta de deslinde frente a su padre, lo que hace imposible que ella comparta la cama con su marido. Parece que hay mucho en ella que no está desarrollado. La carpeta escolar, los cómics y las ropas indican esto. Comen al estilo de la abuela que vivía escasa y puritanamente, que echaba pestes contra todo lo nuevo y que influyó mucho en el ambiente de la familia. Con la imagen "sopa de leche" le viene a la mujer la idea asociativa de ideales de la femineidad tradicional. Una sombra desconocida de la mujer compensa con dinero (robado). Algunas demandas al padre de la infancia, que ella proyecta en su marido, no están saciadas y operan en el presente.

En este ejemplo la auto-realización está en una conexión directa con el pasado no elaborado. Cuanto más vivos están los temas psíquicos inconscientes, tanto menos se puede vivir el presente. Las fuerzas psíquicas formadas determinan la vida. No es suficiente vivir la vida con vigilancia y concentración entrenada. Muchos ideales de la emancipación pueden fundarse en el inventario vivo del pasado, sin que uno (una) se dé cuenta.

Se dice fácilmente, y se reza millones de veces: "Yo pertenezco a ti, Dios, enteramente, condúceme a donde quieras; Padre, no lo que quiero yo, sino lo que tú quieres, tiene que ocurrir." – La auto-realización incluye, aparte de otras cosas, también: Operar con las imágenes en la meditación, elaborar los complejos inconscientes, la unificación de las fuerzas opositoras en la vida psíquica, y la reconciliación con la vida vivida en general. No obstante, el trabajo práctico de la transformación de sí mismo y del modo de vivir demanda esfuerzos que estas oraciones no incluyen; son tan grandes los esfuerzos que casi cada uno prefiere vivir una sustitución que desde el exterior se presenta como un sacrifico religioso, reverentemente dado. El que no ambiciona llegar a ser sí mismo, nunca lo alcanzará. No ocurre por sí mismo. Pero él que se esfuerza decisivamente, puede más y más realizarse a sí mismo, considerando su estructura psíquica. El que intenta vivir desde su fuente interior propia – la inteligencia absoluta –, experimentará por la lengua del alma lo que significa "la voluntad del padre". El principio conductor del alma tiene sus propios caminos, que son diferentes de los caminos de la racionalidad y la lógica, diferentes de los caminos de los ideales ideológicos y dogmáticos.

2.2 El Grial, la piedra del sabio: La meta de vida en todas las épocas de la historia humana

Las imágenes del Grial y las experiencias diarias

La palabra "Grial", generalmente posee el mismo sentido que "la piedra del sabio" ("lápiz philosophorum"). En la alquimia se habla del "oro" y del "elixir" (última materia). El esoterismo utiliza la palabra "cáliz" (cáliz de la Santa Cena con la sangre de Cristo), muchas veces de un "vaso" (bandeja) con una esmeralda grande. A veces hablan de una "alhaja" o un "cristal".

Es obvio que no existe una imagen claramente determinada con un significado unívoco. De vez en cuando encontramos el círculo con el Grial en el centro. En algunas imágenes podemos identificar el corazón como centro de la vida con el Grial. También se habla de la "copa con el elixir de vida" y del "vaso de la iniciación y de la reencarnación".

El término "Grial" significa, a menudo, el hombre espiritual interior. El Grial también es la fuente de la vida, la totalidad individual, el santuario de la humanidad, el "sí mismo divino", el ideal divino del hombre, lo eterno en el hombre. El Grial es según la opinión de algunos autores el misterio mayor de la fe cristiana y el valor humano en general.

Encontramos en varias culturas el mito del Grial: Las obras de poesía árabes nos lo refieren, también la mitología celta, el Sufismo y sobre todo la mística cuentan en muchos de sus historias e imágenes con el Grial. También en los mitos antiguos podemos descubrir unos fragmentos de este tema. Existen tantas historias sobre el Grial, tantas leyendas y cuentos como interpretaciones. Las historias del Grial tienen, resumido y un poco simplificado, en su mayoría el siguiente esquema:

Al inicio el rey está enfermo y herido, y su país queda paulatinamente desierto. Es la situación donde no existe más la paternidad. Hay que salvar el país desierto y al rey enfermo. El héroe, que llegará a ser el salvador, no sabe cómo tiene que llevar a cabo esta obra. No sabe hacer la pregunta correcta y salvadora. Así empieza su odisea pasando muchos impedimentos, peligros y aventuras tenebrosas. La búsqueda del Grial, la posibilidad de salvación del viejo rey llega a ser el motivo central de todas las historias del Grial. El héroe aprende a reconocer que no se trata de salvar al viejo rey, o de curarlo. Por eso no son las preguntas "¿Rey mío, ¿qué es lo que te duele?", o "¿Rey mío, ¿qué tengo que hacer para que tu no sufras más?" las que traen la salvación.

En realidad, se trata del hombre mismo que hace la pregunta. Él es el Grial. Él sirve al Grial y a él el Grial le sirve. Él tiene que realizar la pregunta de salvación a su interior, a sí mismo. El último fin de la búsqueda está en su interior. La incapacidad de reconocer esto, fuerza al héroe a buscar la verdad a través de una odisea. Es él que tiene que madurar para poder ocupar el sitio del viejo rey enfermo y luego a través de esto salvar su reino. Pero es solamente un aspecto el que describen en la literatura psicológica. Pues el Grial sirve a la humanidad entera; Nadie puede ver (tener) el Grial, si no promete volver a su pueblo y llevarlo. El camino hacia el Grial en una aventura mundial a través de muchos conflictos dédalos y yerros. El viaje le lleva tras mares, tras bosques y selvas. Exámenes y choques fuertes demandan todo lo extremo de él. Pero las experiencias efectúan la purificación, la limpieza (la "catarsis") y la vigilancia. Es el sufrimiento interno y externo que forma al futuro "rey".

Las historias del Grial reflejan el problema básico del ser humano. Al inicio está el caos. La persona está expuesta al mundo. Sus debilidades y su oscuridad de pulsión (el ser inconsciente) caracterizan su naturaleza. El "Adán antiguo" es arcaico y necesita la salvación. Una operación duradera debe llegar a la reencarnación del "hombre nuevo". Se trata de una renovación psíquica (la reencarnación). El modelo básico del desarrollo humano se halla en la palabra "¡muere y renace!" La búsqueda de las experiencias de los misterios comienza con la bajada a las profundidades. Primero tiene que soltar su prisión terrestre. Esta es la obra mayor e inicial que un hombre tiene que cumplir. El viaje con el fin de alcanzar la iluminación — se dice también "camino de iniciación" — significa acercarse con su conciencia más y más al inconsciente. Esta transmutación (transformación) procede de la experiencia repetitiva: Toda la vida está en el interior. El Grial es el símbolo del desarrollo espiritual supremo. En la odisea el héroe descubre las realidades de las enseñanzas secretas.

Las metas de estos procesos de transformación las podemos esbozar aproximadamente: Se trata de una renovación espiritual total que llega a la unificación interior. La búsqueda del núcleo interno en el hombre revela los misterios de la vida. La sabiduría, el amor y la verdad son las experiencias psíquicas que ennoblecen la gran obra. Este proceso produce la superación de la problemática de las oposiciones: Cristo-Anti-Cristo, bueno-malo, Dios-diablo. La unificación de las fuerzas masculinas y femeninas lleva a la salvación. La meta suprema es la unión con Dios. En las historias del Grial el héroe se acerca paulatinamente a la experiencia de Dios y obtiene la conciencia sobre Dios. La realización de Dios, hasta las profundidades terrestres, es el "ser del nuevo rey".

En la literatura los autores le atribuyen varias fuerzas mágicas. Pero finalmente es el nuevo rey que salva su país caótico de la decadencia. Él es el portador de la luz, procura el agua de vida, da consuelo y fuerza. El nuevo rey es el portador de la sustancia psíquica divina. Esta fuerza purifica y cura las heridas psico-espirituales y guarda la juventud y la vida. El Grial (es decir: el nuevo rey) da comida y bebida al alma. Él dona el alimento espiritual, es decir la iluminación, el saber y el conocimiento.

Durante muchos siglos el Grial ha llegado a ser la meta de vida de muchos hombres. En todas las culturas y en todas las épocas muchos hombres han oído la llamada interior para la salvación, y la han tomado en serio. Pero parece que solamente pocos hombres lograron esta meta suprema. Los místicos y los alquimistas informan sobre las experiencias que dificultan tanto esta obra. Primero el camino lleva al hombre a la soledad y al sosiego. La introspección (la contemplación, la meditación, la imaginación el trabajo con los sueños) es el método principal de lograr conocimientos. El "tercer ojo" abre el camino y lleva a un estado donde uno así puede ver igual claramente como con sus ojos reales. Nada queda escondido al rey del Grial. El proceso siempre está dirigido desde su interior. El espíritu guía, regla y controla. Las comunidades espirituales que enseñan el camino hacia el Grial, practican diversos rituales para las transformaciones de cada miembro. La experiencia introspectiva de la iniciación facilita reconocer el tema de la meta.

Es difícil explicar el tema del Grial de forma práctica y vital. Los símbolos, las imágenes y descripciones alegóricas quizá estimulan unos sentimientos reverentes. Pero la vida en un mundo industrializado y agitado ni es una poesía, ni es una epopeya. Los acontecimientos profanos caracterizan la vida. El ser un héroe como en épocas anteriores, tal como hoy en día lo conocemos a través muchas películas de aventura y de obras epopeyitas, hoy raramente se puede realizar de este modo concreto. Los héroes de guerra y los hombres de campeonato dan una impresión penosa, cuando echamos un vistazo a la tragedia de los campos de batalla, las múltiples exageraciones de la autoestima y los temas psíquicos suprimidos y reprimidos. Tenemos que cambiar las imágenes del Grial por nuevas expresiones más vivas y actuales, para que podamos integrar el tema del grial en nuestra vida diaria. Esto comienza por la introspección. La inteligencia absoluta nos deja el material imaginativo que facilita a cada uno una experiencia próxima a la vida diaria del concepto del Grial, siempre según la disposición de cada uno:

Ejemplo (B1): La búsqueda del Grial

Podemos abordar el tema del Grial de muchos modos meditativos. Lo más sencillo es convocar algunas imágenes generales espontáneas y luego buscar el Grial. El sabio nos ayuda en esta búsqueda, dando las respuestas adecuadas a nuestras preguntas.

También podemos elaborar unos aspectos específicos. Empezamos buscando diversos sitios (una iglesia, una universidad, un centro de formación, una comunidad del esoterismo, el entorno vital de una persona), y luego preguntamos: "Grial, ¿estás aquí?" Los siguientes resultados de varias meditaciones en grupos tratan del camino hacia el Grial.

1) "Primero tengo que subir a una montaña alta. El camino me lleva a través de la oscuridad. Encima veo una piedra muy normal en una sala. Esto es la sabiduría, dice una voz. No he esperado una cosa simple. Alguien dice que podría tirarla si quisiera, y que hay suficientes piedras para todos. Pero también se puede ver con esta piedra en la lejanía, en el futuro y en el pasado. Dice que podría tomarla, y que ya veré lo que puedo hacer con ella."

2) "Llego a un eremita que me enseña: El Grial puede ser lo todo. No tiene que ser de oro. Solamente los hombres piensan así. Se trata de una muestra en el alma. El Grial es un modelo y no se puede discutir sobre esto. Es la sabiduría. Es asunto de cada uno

lograr esta señal. Con todo lo que el hombre hace, produce también un modelo (una idea). Sea que este modelo (la idea) se aleja de la muestra auténtica, o sea que el hombre se forma una muestra que se acerca siempre más a la muestra original. El fin consiste en que todos los hombres reconozcan en sí mismos la muestra psico-espiritual y que vivan según este modelo. Esto es el Grial."

3) "Veo una perspectiva que sugiere el infinito. Empiezo a atravesar un espacio de hielo, de rocas y de oscuridad. Luego estoy encima de un disco que lo rodea todo. Es muy difícil guardar la estabilidad. Cojo una cuerda y de pronto veo que esta cuerda viene de un helicóptero. Ahora estoy suspendido peligrosamente en el aire. El viaje me lleva sobre los abismos a un lugar tranquilo. Ahí logro suelo bajo mis pies, y finalmente tengo una piedra de oro en mis manos. Siento mucha alegría y felicidad. Pero no es por este oro. Simplemente es así."

4) "Primero tengo que pasar por algo. La piedra no está dónde uno lo espera; está en todos los lados, también delante de su propia puerta. Es muy difícil lograr este Grial. Los hombres esperan un producto. Pero es el camino que es lo importante. Uno espera algo para admirarse, y luego debe constatar que el asunto es efectivamente muy sencillo."

Comentario: En tales meditaciones surgen en su mayoría siempre de nuevo los mismos puntos esenciales: El camino hacia el Grial llega a la soledad, es pedregoso, casi infinito largo, profano, penoso y enteramente desafiante. Hay que aprender a esperar, a meditar y a escuchar a su interior. Cuando uno no se ocupa de esto permanentemente, pierde rápidamente el hilo. La piedra del sabio está en todos lados por lo general, y no obstante está muy lejos. El Grial es el tema de la transformación y de la auto-renovación. El Grial dona su luz, vida, calor, amor, sabiduría, experiencia de Dios, salvación y armonía. En el Grial está el plano de la creación, el camino y la meta del ser humano. El Grial simboliza la totalidad psíquica y al mismo tiempo su centro. Todos los hombres buscan el Grial, consciente o inconscientemente, la mayoría con mucho desvío.

Son pocos los que están preparados para andar decisivamente este camino. Pues los hombres presienten las penas y huyen, reprimen y operan con múltiples sustituciones. A nadie le gusta perder lo que ha elaborado con duro esfuerzo. Cada uno es su propio rey en su país psíquico caótico. Pero el tema (el sentido) del motivo del Grial mantiene la meta fundamental de la vida de todos los seres humanos en el futuro.

Ejemplo (B2): El cáliz, el vaso y la copa (bandeja)

También estos símbolos nos abren en la meditación el tema del Grial. Preguntamos por ejemplo nuestro interior: "¿Cáliz, ¿qué puedes darme, y qué puedes decirme?" Unas breves palabras de diversas meditaciones en grupos ilustran lo esencial del tema:

1) La copa es el alma que se puede llenar. La persona misma decide con lo que quiere llenar esta copa. El hombre es un cáliz. Puede llenarse con energía cósmica. Con el cáliz en la mano uno puede pasar por el desierto. En el cáliz hay vida. Aquí está el origen de la creación, pues el cáliz es inagotable."

2) "En el vaso se procede a la renovación. El cuerpo solamente es la bandeja. El mundo es como una bandeja. El contenido es la vida psíquica. Por el sufrimiento ("cáliz del sufrimiento") el hombre llega ser el hombre nuevo. En el cáliz está el agua de vida; podemos incorporarla del universo, parcialmente como conocimiento intuitivo, parcialmente como energía cósmica."

3) "La transformación ocurre en el cáliz, es decir en el alma de cada hombre. La transformación es el procedimiento psíquico en la individuación. El alma tiene sed de esta renovación. El agua psíquica nueva es como la luz del sol y como miel."

Comentario: El significado del cáliz está puesto en el contexto de la

Santa Cena. Dejamos sin comentar si nuestros resultados meditativos se pueden poner en relación con enseñanzas religiosas; de todos modos, podemos reconocer que el cáliz significa la transformación del hombre en el sentido de la individuación. Consideramos los trabajos prácticos de la "gran obra", podemos comprender el misterio de la Santa Cena como un proceso arquetípico de transformación dentro de la individuación. Pues cada uno experimenta el inventario de su psique (el contenido del cáliz) en la vida diaria. No son necesarios los muros de un convento para ocuparse de los complejos con el fin de transformarlos. El motivo del vaso quiere enfocar exactamente este asunto muy cerca de la vida: La transformación procede en el cáliz, es decir en el alma, siempre bajo la relación del mundo real con el mundo psico-espiritual. Este símbolo del cáliz refleja el misterio del ser humano: la auto-renovación.

Los procesos psíquicos son los temas esenciales de las religiones y de las mitologías. Por lo tanto, podemos decir: Los métodos de la psicología profunda nos sirven para descifrar los misterios del ser humano. Dónde faltan estos métodos en la práctica religiosa, existen muchos peligros. Hay que luchar por una visión clara y siempre preguntar a los sueños sobre el camino correcto, si no los esfuerzos nos llevan a idilios ilusionistas que rechazan la vida. Es grande el peligro de que una tiranía secreta y los principios de castigo, bien ordenados en un sistema jerárquico, gobiernen detrás de las puertas dónde viven las ideas religiosas legitimadas por la institución: en los conventos, en los movimientos psico-religiosos, en sectas, en comunidades esotéricas de mujeres y de hombres, en la iglesia, también en la oración.

En este mundo el ojo está engañado de muchas formas. Las alegrías y los sufrimientos pueden mantener a distancia la búsqueda y la experiencia de las profundidades del alma. En este bastidor mundial hay innumerables hombres que quieren ser "el padre" con la espalda y la ley. La literatura del Grial dice: El hombre en la búsqueda del Grial busca a su padre en su interior. Aquí encuentra el punto medio del mundo y la ley. Esta experiencia libera energías de vida que promueven en todos los lados el crecimiento. Se comprende por sí que casi todos los hombres quieren más a sus padres (reales) que al padre en su interior. La liberación de tales padres reales es necesaria, cuando un quiere encontrar a su "padre verdadero" en su interior. Soltar las ataduras externas empieza en el interior. Unas palabras de la Biblia reciben en este contexto una importancia psíquica desafiante: "No he venido para traer paz, pero la espalda... Él que quiera más a su padre y a su madre más que a mí no me merece."

El camino hacia el Grial posibilita muchas transformaciones en el interior y cambios en el exterior. El rey del Grial representa el principio del padre; el principio de la madre es, por otro lado, la vida psíquica integrada. La auto-realización significa desde el punto de vista del motivo del Grial: Actualizar el principio del padre, de la madre y de la vida. Esto es mucho más que realizar los talentos, y sobre todo los marcos de las actividades en el trabajo y en el ocio. Especular sobre el "Santo Grial" favorece la conducta de poder, cuando las hipótesis de una casa regia teocrática, proveniente del árbol genealógico de Jesús (como algunos declaran), tiene que servir como fundamento para la renovación de sí mismo y del mundo. En la cuestión del Grial no hay que esconder ningún misterio, y tampoco se deduce por la tradición una legitimación de poder. El Grial es la vida eterna, de nuevo encontrada en la vida del alma con su totalidad y centralización (en el espíritu).

La libertad psíquica y el choque de la realidad

El que busca el Grial anhela la libertad psíquica. Pues hay cadenas y prisiones en el caos psíquico con un principio conductor viejo y enfermo. Los complejos inconscientes limitan el espacio de las actividades de una persona. Los pensamientos, las ideas, las persuasiones y las enseñanzas dogmáticas crean muchos ideales de vida que paralizan. Ser inconsciente anda paralelo a la falta de libertad. Las pulsiones no educadas y las fuerzas psíquicas deformadas fuerzan al hombre a vivir formas que crean mucho sufrimiento. También varios imperativos sociales sirven de principios conductores, mientras detrás se esconden, muchas veces, una culpa o un sadismo. Muchos buscan la libertad en los libros y en sistemas de pensamientos extraños sin reconocer que al mismo tiempo se ponen psíquicamente rígidos. La libertad quizá tiene mucho que ver con la responsabilidad social, pero empieza con la auto-renovación. La libertad verdadera se construye en el interior y se expresa en el exterior por un sentimiento de estabilidad psíquica y de fuerzas renovadas.

Aquí podemos presentir que hay poca gente que vive la libertad psíquica. Muchos no saben lo que es eso. Las ideas sobre libertad de la mayoría de los hombres se basan en una conciencia que actúa en un estado de resistencia contra el inconsciente.

Ejemplo (B3): La libertad psíquica

El tema de la libertad psíquica lo podemos explorar en la meditación con una especie de juego. En la imaginación por ejemplo podemos ofrecer un pequeño paquete a diversas personas, diciendo que dentro está la libertad psíquica. Nos imaginamos una escena de una estación de tren, estamos ahí y llevamos una cesta llena de estos paquetes pequeños. Ahora intentamos regalar estos paquetes a la gente que está pasando. Puede ocurrir esto:

1) "Todos piensan que soy un idiota. Muchos tienen curiosidad, pero nadie quiere un paquete. Unos llaman a la policía. Y ellos vienen con su coche de ataque, porque piensan que tengo unas granadas y pistolas escondidas en los paquetes. Otros corren fuera, cuando oyen la palabra "libertad psíquica". Uno coge clandestinamente un paquete; pero después de andar algunos metros lo tira en un bidón. Alguien pone en escena una presentación de circo con un paquete, haciendo juegos malabares. Esto les gusta a todos. Luego quiere tirar su paquete hacia un espectador, y todos chillan y salen corriendo."

2) "La gente grita y jura como si hubiera dinamita encendida en los paquetes. Llevo un paquete a un cura en la iglesia. Y de momento él quiere llevarlo a la junta de la iglesia para que lo guarden en una caja fuerte. Algunas personas opinan que hay que ejecutarme; que soy un subversivo y un gran peligro. Uno abre el paquete, y encuentra dentro el símbolo de vida. Una luz lo lleva lejos."

Comentario: La libertad psíquica es efectivamente "dinamita", pues la falta de libertad domina en todos los lados: la adicción; las grapas psíquicas operando como coacción, depresión y angustia; la presión social en la vida personal y pública. Todos reprimen su falta de libertad, y luego, de manera incontrolable en el inconsciente, produce angustia frente a las colaboraciones y solidaridades escondidas y las actitudes que reprimen.

El camino a la libertad psíquica demanda la liberación de las privaciones psíquicas, de exigencias y compensaciones. Ciertamente, todos desean algo como una vida psíquicamente libre. Cuando uno constata hasta qué punto los hombres no son libres en su pensar y actuar, y qué pocas ideas tienen sobre su estado, experimenta un choque de realidad.

El oro más brillante de todos los misterios y de todas las verdades divinas no se puede reconocer, cuando uno está prisionero en sus ideas emocionales y sus dogmas aprendidos. Muchos no sienten de ningún modo su ser prisionero como una prisión, y reaccionarían irritados, si les enseñáramos cadenas secretas. Los complejos inconscientes operan de todos los modos posibles para que nadie pueda revelar su actuar. Muchos hombres buscan el jardín "Edén" en el más allá, en todo caso después de la muerte. Solamente a pocos se les ocurre que "Edén" podría ser la experiencia interna de la vida enteramente integrada que cada uno puede elaborarse.

2.3 El símbolo de vida (el círculo-cruz-Mándala): La meta, el camino, el fuego y el agua para la individuación total

El símbolo de vida para la orientación en la existencia

El "círculo-cruz-símbolo" es un Mándala: una imagen de la totalidad psíquica. El símbolo consiste en tres componentes: el círculo, la cruz y la piedra en el centro. La literatura nos da más información:

La cruz representa la conexión entre el cielo y la tierra. Dos espacios opuestos se atraviesan. La línea vertical llega a la transcendencia. La línea horizontal contiene todo lo terrestre. La vertical es masculina y la horizontal femenina, así lo podemos leer en la literatura alquimista. La cruz también es la llave al universo y un símbolo del mediador, y refleja al mismo tiempo los sufrimientos de Cristo. El punto crucial enseña la realidad del mundo como causa de sufrimiento. El hombre está en el punto crucial: es la piedra azul – símbolo del Grial. El tema del Grial acerca y penetra ambos mundos. La creación tiene su centro en el Grial, las oposiciones encuentran ahí su unión y el mundo su eje: en cada ser humano dentro.

En la cruz está incluida también la cifra cuatro: la cuaternidad. En la alquimia hablan del operar simultáneamente de los cuatro procesos básicos de la "obra". La muerte significa separación. La confrontación con el inconsciente es un camino hacia la oscuridad que llega a la limpieza (la purificación), lo que significa desde la psicología la ampliación de la conciencia. El fuego trae la vida y se aviva a sí mismo. Y finalmente aparece el sol que hace crecer el árbol de vida. La palabra "cuaternidad" indica los procesos característicos de la individuación. La cifra cuatro enseña los puntos cardinales, las cuatro estaciones del año, los cuatro elementos (aire, agua, fuego y tierra), y sobre todo la condición imprescindible del "nacimiento de Dios". La trinidad (lo divino) necesita la unión con la tierra para que pueda operar en ella.

Los cuatro elementos contienen diversos significados. La tierra es la vida física. Es el lugar del nacimiento y de la muerte. Hay que fecundarla y se entiende como femenina y pasiva. El aire simboliza el espacio de los pensamientos, la intuición y lo espiritual (lo filosófico). Crea formas y se entiende como masculino. El fuego estimula, da alimento y renueva. En el fuego está la fuerza de la destrucción, pero también el renacimiento. El fuego puede significar la pulsión o el espíritu. El agua es el origen de la religión, pero también la avidez y lo insaciable. – La cruz contiene estos cuatro elementos. Los significados varían considerablemente en la literatura.

El círculo simboliza el sol, la infinidad y la totalidad. Es el universo con los ciclos de renovación periódicos. En el círculo está al mismo tiempo el inicio y el final, está la repetición infinita sin inicio definitivo y sin final absoluto, está la muerte y la reencarnación. El círculo lleva al hombre a sí mismo, a la armonía cósmica y a todos los niveles de la iluminación. El sol es el indicador para la resurrección: para la renovación y el renacimiento psíquico. Es la luz espiritual (la energía espiritual) que nos trae la vida y la conciencia. El sol salva al hombre sufriendo en la cruz.

El círculo-cruz-Mándala también es una rueda, y con esto un símbolo de los periodos infinitos. En la rueda está la individuación. La piedra en el centro simboliza también la inteligencia psíquica absoluta. Desde este centro se produce el proceso del llegar a ser sí mismo. El centro es al mismo tiempo el mediador y el fin.

El círculo-cruz-símbolo es el camino, el fuego y el agua para el ser humano total. Es la meta: Unión, totalidad, equilibrio, centralización y ser en Dios. El camino llega a través de la experiencia y la conexión de todos los elementos del mundo y de la transcendencia. El fuego calienta y da vida. En el agua encontramos la salvación: en la profundidad del ser humano. De esta fuente todo crece y el que tiene sed encuentra saciedad.

Sin estos significados múltiples de este símbolo no alcanzamos la individuación. Lo singular y la multitud en la totalidad posibilitan el proceso y llevan al hombre a la meta suprema. Este símbolo expresa aquel poder que crea la vida unida (total) y que dona en este sentido la salvación (es decir la felicidad psíquica).

Las fuentes provienen de las épocas antiguas. Ya en el Egipto antiguo conocían este símbolo. En la época del anticristo comprendían este símbolo como la luz y la meta de la evolución humana. Dentro de la simbólica cristiana y esotérica podríamos decir: El sufrimiento que llegó a la crucifixión, está liberada por la individuación. O, en otras palabras: La negación de la vida psíquica y la proscripción del rey del Grial, el rey del mundo de las almas, nos procura la injusticia, el odio y la violencia. El símbolo de vida es el portal al nuevo ser humano, a los misterios, y a la liberación del ser inconsciente. El símbolo de vida está en el mundo exterior; pero cada uno lo lleva consigo mismo, dentro – generalmente enterrado.

Ahora he compuesto muchos significados de los elementos de este símbolo de vida, y todo esto nos empuja quizá a preguntar: "¿Todo esto, no es un juego de palabras como en una poesía? O: ¿Qué tiene que ver todo esto con la vida diaria de cada uno en nuestra época? Las respuestas meditativas nos procuran unas respuestas:

Ejemplo (C1): El círculo-cruz-Mándala – el símbolo de vida

El símbolo es el punto inicial de la experiencia introspectiva. Empezando la meditación intentamos visualizar este símbolo de tal forma como lo que hemos visto con nuestros ojos reales. Luego podemos plantear algunas preguntas: "¿Qué significas tú? ¿De dónde vienes? ¿Qué puedo hacer contigo? ¡Enséñame tu mundo de sentido!" – Los resultados siguientes expresan el espectro de las experiencias meditativas de un grupo que en realidad hasta este momento no sabían (casi) nada de este símbolo.

1) "El símbolo está en mí. Me fortalece. Estoy ligado en todas las direcciones, con lo terrestre y con el universo. Da fuerza y armonía. También es la meta de mi vida. Suaviza los dolores y produce conciencia. Mueve el agua. La fuerza del símbolo crea la totalidad. Puedo resolver problemas con esto."

2) "Tengo en mis manos este símbolo como un timón. Al lado hay un compás de forma de un Mándala. Así veo la dirección. Puedo fijarme en él y llegar seguro a la tierra nueva, pasando antes por la niebla y las tormentas. El símbolo me enseña el camino de los sabios, el camino al Grial. Nunca hasta hoy experimenté tal sosiego y tal armonía. Siento las fuerzas curativas que suavizan."

3) "El símbolo rodea la tierra entera y el universo. El origen está en Dios. Aquí está el inicio y el final, un fluir eterno y el cumplimiento del ser humano. El círculo eterno de la vida alrededor de la fuente auténtica de Dios. Me siento protegido y sustentado como nunca

hasta ahora en mi vida. El agua de vida fluye desde este centro. En este Mándala se hallan todas las sabidurías gnósticas. Del punto medio procede la curación. La fuerza es universal y dona sin parar; una conexión entre el cielo y la tierra, tan llena de fuerza y de orientación al fin como nunca en mi vida podía imaginármelo. El símbolo es el compás de vida y me guía a la meta (de la individuación."

4) "Él Mándala libera de cadenas inconscientes. Quita los trastos en mi alma. La fuerza en el centro abre ventanas y calienta, dónde antes había oscuridad y frío. Hace desaparecer la vida antigua y construye la vida nueva desde su centro. Por este símbolo encuentro sosiego, armonía y fuerza. Me lleva a mi auto-renovación."

Comentario: Cuando uno tiene algunas experiencias con meditaciones y no tiene una coraza psíquica demasiada dura, tendrá resultados similares. Pero puede ser que una voz interna le pregunta: "¿Tú quieres saber algo? ¡No te lo digo sin más!" Una persona experimentó con mucho miedo: "Hitler toma el símbolo en su mano y lo tira con gran ímpetu al suelo. Con una explosión, tan grande como mil bombas nucleares, estalla la tierra."

Las experiencias introspectivas de este Mándala pueden estremecer al hombre que medita, y poner críticamente mucho en cuestión. Pues en este símbolo se refleja la época occidental cristiana, se abre el "libro con los siete sellos", cuando él Mándala puede realizar lo que nos promete en las meditaciones: La renovación total y dirigida auténticamente desde la fuente del alma y centrada en Dios. El hombre debe liberar a Dios en sí mismo – y no al revés; cada uno tiene que activar lo divino en su interior.

Ahora quiero hablar un poco de mis experiencias sobre este Mándala:

En un sueño lucho por una espesura y llego a una colina. En una iglesia preparan una celebración. Un dignatario eclesiástico prepara las insignias: una cruz, un cetro, una espada y un globo. Ya sé que recibirá aquí todo esto, pero ahora rechaza cogerlos. Luego "juego" con las insignias, pongo la cruz encima del globo (¡el globo imperial!), compuesto la espada y el cetro a una cruz y descubro que todo esto junto forma un círculo-cruz-Mándala. Con este símbolo en la mano me voy y llego a un desierto. Ahí una figura dice: Te regalaré este símbolo en el día real de tu boda. – Muchos meses después, en mi boda la madrina me entrega este símbolo, sin jamás haber sabido nada de mi sueño. Yo me olvidé de este sueño y me sorprendí enormemente de esta "casualidad".

Unos años más tarde soñé: He llegado al final del desierto. Es de noche. Un rey cabalga acercándoseme y me pide que monte a su caballo. Tengo mucho miedo, me voy corriendo y me escondo. – Unos meses más tarde este mismo rey vuelve. Y, ahora de pronto, estoy encima del caballo y cabalgo hacia el cielo, en la dirección de una fuente de luz que aparece como la Mándala.

Unos meses más tarde sueño la continuación: Estoy andando por un camino, como atravesando el universo, y en cualquier lugar aparece la figura de la muerte, diciendo: "Soy el último testigo de lo que te ocurre ahora." Delante de mí veo un camino infinito por una tierra de nadie. Siguiendo este camino llego finalmente al borde del universo, a un pasaje que lleva a otro universo. Tengo que prometer que volveré a la tierra. Esta promesa es la "fórmula secreta" para abrir la construcción del puente. Llego al otro lado. Y ahora veo a Dios, sin ver una imagen, como una fuente ardiente. Al instante quiero hablar de mis preocupaciones: "El sufrimiento en la tierra es grande; las guerras son terribles; la miseria inconmensurable; la destrucción de la naturaleza y del medio ambiente irrefrenable; y casi nadie quiere conocer su alma..." De pronto reconozco que Dios está muy triste. Siento su tristeza y presiento su impotencia frente a la resistencia de los hombres. Finalmente puedo entrar en su país: Todo es de oro puro y de luz; pirámides, soles y un espacio infinito dorado. Veo ahora que esto es la patria del ser humano. Alguien me recuerda mi promesa. Tengo que volver ahora. Luego veo desde muy lejos el centro de este universo dorado: el círculo-cruz-Mándala, gigantesco y con rayos de energía inmensos. A mitad de mi camino de vuelta, más o menos donde apareció antes la figura de la muerte, oigo una voz: "¡Cumplido está la palabra!" Esto me toca como un rayo. Delante de mí veo la tierra. Temblando y teniendo mucho miedo vuelvo a la tierra, y pienso: ¡Habría sido mejor si no hubiera oído esta voz! ¡Hubiera sido mejor no hacer mi promesa! En mi dedo anular tengo un anillo con el círculo-cruz-Mándala que me parece muy pesado."

Durante meses dudo de estos sueños y finalmente decido no ocuparme más de todo esto. La pregunta "¿Quién soy yo?" me preocupa mucho más que mis experiencias con las meditaciones que enfocan esta pregunta.

Los criterios de la verdad desde la vida psíquica

¿Tienen las imágenes del alma, por ejemplo, estos sueños, también una realidad? ¿Cómo podríamos probarlo?

Es un hecho que el mundo psíquico no es una realidad empírica en el sentido de la ciencia y de los cinco sentidos, pero a pesar de esto es tan real como el mundo físico. Esta realidad psíquica del ser humano es transcendental; es decir, transgrede el borde de la materia, y no es más espacio-tiempo-tierra. Este mundo se halla fuera de la experiencia de la empírica. Ya pronto en la vida cada uno aprende a acumular conocimientos, a tomar el mundo con palabras y a pensar de modo tecnológico y a actuar. Pero esta conciencia es relativa, está limitada si no integramos el mundo psico-espiritual. El saber del hombre sobre sí mismo y sobre su vida es selectivo y está desplazado. Lo que está fuera del espacio y del tiempo, lo que afecta en toda la vida, no podemos recogerlo con los métodos de prueba en uso.

Los criterios de una realidad tienen valor hasta que se corresponden con las características y los atributos de la cosa. Las características de la realidad psíquica son las imágenes psíquicas subjetivas, un significado intrínseco, la energía psíquica y cósmica, y además la inteligencia psíquica absoluta con sus modos de representación. Entonces solamente la experiencia psíquica con imágenes y con sus efectos psico-energéticos abre a cada uno el acceso a la realidad del Mándala. De este modo ciertamente podemos experimentar esta realidad, pero no existe ninguna posibilidad de probarla. Además, cada uno puede reconocer por sí mismo la inteligencia psíquica absoluta, pero solamente a través del trabajo con los sueños y las meditaciones. Esta realidad es tan valiosa que solamente encuentra el acceso la persona que se esfuerza mucho: Cada uno debe elaborarse la verdad.

Ejemplo (C 2): Los criterios de la verdad

Podemos desarrollar divertidas escenas meditativas para experimentar este tema. Por ejemplo, visualizamos una puerta con la inscripción: "Despacho para problemas con la verdad". Detrás encontramos una lechuza como símbolo de la sabiduría, en una atmósfera de biblioteca, y podemos discutir con ella. Puedo presentar los siguientes resultados de unas meditaciones en grupo:

1)   "La verdad viene desde el centro. El ser y el saber están ahí dónde la luz espiritual llega a ser una experiencia. En este momento no existen más los criterios de la verdad. Aquí hay que desistir de las opiniones de enseñanzas y de las creencias. La verdad es una experiencia viva en la psique. Esta verdad está en el corazón, y no solamente en la cabeza. Verdadero es lo que podemos intercambiar entre nosotros con el corazón y por la experiencia intuitiva psíquica."

2)   "La verdad comienza con esperar, callarse, buscar, tener tiempo, con la disposición a la experiencia psíquica. La verdad tenemos que buscarla en el interior. Aquí hay solamente una

verdad. "Reconócete a ti mismo" es el comienzo de la verdad. Debemos poder mirar, observar, intuir, renunciar, estar sin prejuicios. Esto nos lleva a la experiencia de la veracidad."

3) "La verdad es el camino al centro interior. Debemos buscar y encontrar la claridad en nosotros mismos. No se puede enseñar la verdad; solamente es auténtica por la experiencia. Toda verdad humana es siempre solamente una verdad parcial, es decir que es subjetiva. Con el aumento de la conciencia cada uno experimenta aquella realidad que transgrede su existencia personal. La verdad es una fuerza que podemos experimentar."

Comentario: Hay funciones psíquicas en el hombre que facilitan el acceso al sentido de la existencia, a la realidad espiritual, y finalmente a Dios. El saber objetivo y el entrenamiento de la racionalidad es una cara; la otra es: la verdadera naturaleza de la existencia se puede explorar solamente a través la experiencia psíquica. Aquí no ayudan ni la lógica, ni las discusiones, ni los argumentos del racionalismo crítico o del principio dialéctico (discurso). El trato racional y tecnológico de la psique, con la negación total de la aceptación del absoluto y de la transcendencia es como la magia sin gnosis. En esta medida la psicoterapia y el psicoanálisis arraigado en la ciencia natural es una magia sin sabiduría y sin reconocimiento de Dios.

Es una situación difícil cuando alguien rechaza esta realidad. No se le pueden comprobar sus resistencias. Solamente podemos explicar cómo éste alguien puede experimentar sus resistencias. Un hombre que vive en la resistencia frente a su conciencia, nunca podemos hacerle entrar en razón. Cuando una persona empieza a presentir su ser inconsciente y a descubrir el ser inconsciente del colectivo, siempre primero se manifiestan resistencias. Esto es inevitable y es un gran desafío humano para una persona. Cada uno debe ser extremamente honrado y modesto. El intelectualismo y ser precoz impiden el camino.

La decisión de aceptar la realidad psíquica, la energía psíquica y cósmica, y la inteligencia psíquica absoluta quizá es sobre todo la cuestión más esencial en la existencia. El precio de la denegación es generalmente muy alto: Violencia, miseria, sufrimiento, injusticia, falta de paz, servidumbre, falta de amor y cursos de vida trágicos. Pues en la normalidad del ciudadano regular y en su admiración de las "majestades iluminadas" se halla la "dinamita" psíquica para las prácticas de supresión. El fuego bárbaro del ser humano, desplazado hasta su perversión total puede atizarse de nuevo en todo momento.

La auto-renovación como principio de esperanza: La creación del "nuevo mundo" en el futuro a través de la transformación de sí mismo.

En el llegar a sí mismo, centrado en el interior, de cada uno
se halla la esperanza de la humanidad; aquí pueden crecer la paz, la calidad de vida, el bienestar y el amor.

3. Las etapas del proceso de la individuación: educción y liberación, construcción y fortalecimiento, Ser y vivir

3.1. Desde el caos hasta la integración y el deslinde

Antes del comienzo de la auto-realización domina en cierto modo un "estado primitivo". La alquimia habla de una "masa confusa". El caos es el estado antes de la centralización psíquica. El caos está en todos los lugares donde falta una centralización psíquica y una auto-realización que crece desde el interior. Las características de este caos las podemos esbozar bajo algunos aspectos:

Los dioses son numerosos. Innumerables conductores reclaman la legitimación de poder. En todos lados hay "reyes" que exigen la sumisión del yo. Numerosas verdades y semi-verdades son declaradas como algo absolutamente obligatorio. Son innumerables las filosofías; cualquier creación se convierte en cualquier momento y lugar en una creencia obligatoria. Actitudes de todo tipo pueden determinar la existencia: Cada derecho es legítimo. Una inmensa multitud de exigencias morales contradictorias demanda la adaptación total. En este estado caótico los niveles de la conciencia todavía son primitivos; la superación de la vida corresponde al hombre primitivo; los desarrollos psíquicos no tienen ninguna centralización en el "espíritu", son poco creativos y poco dinámicos. El ser inconsciente y la represión caracterizan el estado caótico. Este no saber corresponde a la oscuridad espiritual. En la oscuridad dormita la vida psíquica reprimida. Las imágenes hostiles determinan el trato a los hombres. Los complejos inconscientes empujan a expresarse; operan como fuerzas desde la emboscada psíquica. El hombre está encadenado a su estado inconsciente. Cualquier tema de complejo puede convertirse sin voluntad en un objetivo de la personalidad. Las contradicciones en el alma de un hombre actúan con tanta tensión como las oposiciones entre los hombres.

El que busca reconoce rápidamente en cualquier lugar este ser inconsciente sobre la vida psíquica interna y sobre el mundo psíquico en general. Pocos hombres son capaces de trabajar constructivamente con los sueños y las meditaciones. Los estratos psíquicos profundos son para la mayoría de los hombres un "misterio" inaccesible. Crean un "orden" mientras que simplemente separan la vida psíquica. Luego parece no existir más. En consecuencia, la falta de conciencia sobre el mundo psíquico produce un gran número de sufrimientos y de incapacidades para tratar constructivamente el sufrimiento existente en este mundo.

Puede verse en la vida diaria y sobre todo en la política la psicología de chivo expiatorio. El criminal – a menudo también el enfermo y los miembros de la clase social más baja – facilita declarar la propia posición como algo mejor. Lo desatinado y lo distinto están abandonados también en grupos tolerantes, cuando esto coloca críticamente en cuestión las ideales sobre la vida verdadera y correcta. La capacidad de amar de la mayoría de los hombres termina, cuando la vida exige su carácter. Cuando uno está en el desierto, y sufre la falta de agua, quizá muy pronto imputa a otros (que también necesitan el agua) la culpa de esta falta de agua. El anhelo inconsciente de reconocimiento empuja, no raramente, a muchos hombres a supresiones extrañas de sí mismo, en su mayoría sin tenerlo presente.

Las experiencias en la infancia forman tan profundamente al hombre que posterior y raramente es capaz de distinguir entre la voz aprendida y la voz interior verdadera. En los primeros años de vida en general cada uno construye su fundamento para la elección de la profesión, para las formas de vivir en pareja, para las actividades del ocio y no raramente también para sus enfermedades y sufrimientos de todo tipo. Un hombre por sí mismo, raramente está en la situación de relativizar su propio perfil de personalidad. Muchos nunca reciben la ocasión de ver que su árbol de vida crece "torcido" y sin raíces profundas, en vez de "recto" y con un tronco fuerte.

Denominamos como caótica también la tendencia a considerar absoluta la propia cultura y forma de vivir. Algunos opinan que su estar "civilizado" y su estilo de vida personal son mejores que los de los otros. La posición en la que uno vive según su propia visión se convierte en el ombligo del mundo. Valoran sus formas de cultura particulares como algo "superior". La adaptación de la cultura propia se convierte en una acumulación de cultura: Uno acumula según su educación y su nivel económico los bienes de la cultura "correctos". Así se producen miles de torres babilonios en todos los países. Las valoraciones mutuas polarizan en todos los lugares las opiniones sobre los demás y lo ajeno. Cada forma de expresión caótica (se entiende) en esta tierra es dependiente del lugar y del tiempo, porque todo está sometido al cambio, y por qué los hombres declaran sus formas personales como la orientación absoluta. Todo esto no ocurre sin represión de las fuerzas psíquicas propias.

Durante muchos siglos casi todos los europeos opinaban que sus países y sus culturas eran el punto central del mundo y la carretera principal de la historia de la humanidad. Hoy en día muchos hombres piensan que el hemisferio del norte, la tecnología del oeste y la cultura occidental garantizan el único desarrollo correcto en este mundo entero. Por consiguiente, aumentan y exportan selectivamente sus bienes de cultura. La práctica de la ayuda a los países en desarrollo ha dejado rastros claros en todo el mundo por las ideas divergentes sobre la cultura y el progreso, sobre la creación del medio ambiente y sobre el trato entre los hombres, sobre el trabajo y el ocio. La sobrevaloración de la propia cultura puede provocar un caos psíquico profundo, sin que uno lo reconozca como tal. La definición de la palabra "civilización" es siempre una cuestión de posición. En el hemisferio Sur la tecnología económica exportada, la educación europea y las formas de vida civilizadora han producido de cualquier modo un caos.

Finalmente, el predominio de la relación con el mundo también es una característica del caos. El dinero y los bienes tienen primacía. Lo material es más importante que el mundo psíquico. Lo físico y la materia operan como imanes en el pensar y actuar. La orientación hacia el interior es mínima. La angustia de la existencia empuja a seguridades exteriores. Los hombres sienten la amenaza preponderantemente del mundo exterior, y raramente de su interior. El hombre vive poco desde su experiencia psíquica auténtica. Este predominio de la relación en este mundo facilita a los hombres una compensación en una espiritualidad ilusoria, en cierto modo como sustitución para la experiencia psíquica. Las construcciones de fantasía, religiosas, esotéricas y filosóficas, cubren como una niebla este predominio escondido.

En todos los lados podemos probar este modo de pensar y vivir con relación al mundo. Las palabras claves son: materialismo, positivismo y nihilismo. Unos hombres renuncian a los bienes y piensan que están en la fe recta. Encuentran una sustitución real en el dogmatismo y en la religión. Es el afán de poder, la pulsión y el deseo de reconocimiento que propulsa a muchos hombres y a pueblos enteros en tales formas de vivir desequilibradamente. Por esto el hombre singular está expuesto a tensiones enormes. La irracionalidad caótica aumenta porque la vida psíquica no recibe su prioridad. Así apenas se puede realizar constructivamente la superación del mundo.

Muchos sufren bajo este caos, empiezan a presentir los problemas y se sienten animados para un cambio. Su falta de desarrollo llama al despliegue, lo extraño apremia a estar asimilado, las sombras quieren estar integradas. Quieren transformar su incapacidad, lo destructivo y lo malo en ellos para que sus fuerzas operen constructivamente en la vida. En esta situación apurada surge el anhelo de que otros les comprendan. Así el mundo psíquico interior empieza a influir en la conciencia. Pero el anhelo de centralización y de armonía interior seduce a muchos para arreglos inconsiderados. En vez de la integración surge otra vez el abandono, en vez de la transformación nace el prejuicio y también el escuchar su voz interior opera bajo una simple obediencia.

El camino para salir de este caos llega al principio a través de la propia "masa confusa". Luego uno se acerca a su plano de vida. En la experiencia del estado psíquico primitivo y en la multitud del inventario psíquico cada uno puede aprender a comprender su vida propia y su destino. El hombre empieza a elaborar su mundo psíquico y presiente esta realidad interior no antes de la experiencia de sufrimiento. La vuelta y la vida nueva empiezan con la honradez frente a sí mismo. Hay que aprender a aceptar nuevas ideas extrañas; por ejemplo, que encontramos el sexo opuesto en el alma propia y que debemos desarrollarlo para que las relaciones puedan crecer; o que uno se fortalece, mientras integra sus debilidades y su desamparo. Después de estas experiencias se activan los primeros sentimientos de modestia que pueden relativizar este nihilismo, a veces, bien escondido. La denegación desconocida de sentido, en consecuencia, del materialismo y de un pensar racional, valorado como absoluto, se revela como una expresión sobreestimada y exagerada de sí mismo. Pero la experiencia interior ya pronto empieza a sacudir las sillas de los "dioses". La soberbia se desenmascara dónde nadie piensa que pudiera estar. Muchas actitudes de principios dogmáticos se muestran como un estilo rígido y sin amor.

Cada uno tiene que quitarse a sí mismo sus bloqueos, no ocurre por sí sólo. Paulatinamente empieza la entrada en una primera estructuración gruesa de acumulación de datos inconscientes de la propia vida. El anhelo de una recuperación de la totalidad nueva aumenta con el tiempo más que el control disciplinado de sus sentidos. La introspección llega hasta la profundidad del alma, donde la construcción de la personalidad fuerte e integrada empieza a crecer.

Esto es ciertamente otra forma de transformación que un entrenamiento de virtudes, controlado por la voluntad. Sólo muchos elementos pequeños de la experiencia interior facilitan la renovación. Un modo de vivir abierto a la vida en crecimiento, se establece más y más a través de la ampliación de la conciencia sobre el mundo psíquico profundo. Hay que progresar, en vez de quedarse inmóvil; así empiezan los movimientos. Luego se ven los problemas y preguntas "correctos". Así la fuerza de vida recibe una dirección hacia fin. La percepción llega a ser más precisa, y las decisiones más equilibradas. La relación con el mundo llega a ser más realista, la autoimagen más amplia, y la capacidad de asimilar el mundo psíquico aumenta. Las oposiciones psíquicas empiezan a transformarse y llegan a ser una parte reconciliada de la personalidad.

Las primeras señales del desarrollo las vemos en lo que tiene poca importancia. En muchas situaciones el interior se encuentra como sustentado, donde, quizá un año antes, todos los afectos se hubieran quebrantado con efectos desastrosos. A veces es una ganancia comprender acontecimientos del mundo exterior como desafío psíquico, en vez de comprenderlos como una demanda para actuar. Por ejemplo: El señor X piensa emigrar; por casualidad tiene una ocasión, justamente el día en el que había contado sus planos a un amigo. Tal casualidad puede considerarse como una vivencia del destino. Pero también es posible que esta casualidad sea solamente una ocasión para reflexionar críticamente el plan de la emigración.

Es una ventaja evitar los lugares donde se experimentaron antes falta de amor y represión duradera. El entorno exterior puede reactivar las heridas psíquicas, y eso no es útil. A menudo es importante evitar estrictamente ciertos encuentros, cuando uno quiere salir de la prisión psíquica colectiva.

La decisión de renovar la propia vida y la formación de la propia naturaleza humana surgen paulatinamente desde la experiencia del propio caos psíquico. El proceso desde el ser inconsciente hasta la iniciación demanda ciertas decisiones y experiencias: El mundo psíquico llega a ser una experiencia personal y real. Elaborando los sueños y meditando uno puede acercarse a la inteligencia psíquica absoluta. Orientarse en este espíritu es un criterio máximo del primer proceso de transformación.

En el centro del caos hay un diamante; buscarlo y encontrarlo, llega a ser un anhelo (es decir: llegar a ser sí mismo es un tema del Grial). Los esfuerzos continuos para la apertura y la honradez, para un modo de pensar autocrítico y creativo acompañan la búsqueda del sentido. Al final de la primera etapa cada uno identifica este sentido como "el camino de la individuación". La primera decisión grande de la vida es la respuesta a la pregunta: "¿Quiero yo verdaderamente ir por este camino, orientándome en el espíritu interior?" Este es el momento de la iniciación. Es el comienzo del camino que llega al país psíquico, a la fuente de la vida, en el que cada uno puede saciar las raíces de su yo quebrado.

Ejemplo (D1): El caos y el arcaísmo en el mundo psíquico.

El término "caos" relaciona esencialmente a las situaciones psíquicas de los hombres. La visualización extrasensorial empieza con: "Quiero experimentar en imágenes interiores lo que es caótico en el mundo psíquico de los hombres, y en qué consiste este caos y este arcaísmo." Dos resultados de las meditaciones en grupos lo esclarecen:

1) "Veo el paisaje psíquico de los hombres: Selva y pantano. Dinosaurios y animales primitivos de todo tipo viven el bosque y en una comarca salvaje. Oigo la carcajada de miles de monos.

Montones de basura se levantan a gran altura junto a unos grandes volcanes. También hay numerosas obras. Los hombres construyen, cada uno según su idea. Las construcciones son interesantes; nunca he visto algo tan absurdo; no encuentro las palabras que podrían describir las contorsiones confusas de las construcciones. En muchos lugares acechan gatos monteses y panteras negras. Los mares están llenos de tiburones. Hay reptiles en gran número. Por aquí y allá el suelo borbotea. La niebla cubre el paisaje. La luz es escasa. El sol no puede penetrar esta neblina."

2)   "Los dioses apuestan, cuál de ellos puede manipular mejor a los billones de hombres. Un dios llama a un hombre en la tierra: "¡Soy yo!", y ya miles de hombres lo siguen corriendo miles a él. Luego otro dios asedia a otro hombre y grita lo mismo, y otra vez muchos hombres siguen corriendo a éste que llama. Pronto muchos dioses hacen este juego con muchos hombres. Así se forma una confusión terrible de miles de dioses que llaman y de millones que corren una vez por ahí, luego por allí. Al final, los dioses cuentan cuantos hombres ha ganado cada uno."

Comentario: Las características del caos en el mundo psíquico se clarifican con estas imágenes interiores: Muchas fuerzas viven salvajes, primitivas, instintivas. Un montón de material del pasado no elaborado vive en el interior. La niebla indica que el mundo psíquico no es consciente en el hombre. Las fuerzas psíquicas deformadas, no clarificadas y suprimidas operan latentemente como destructivas. El inventario psíquico se ha formado por construcciones que no expresan ni armonía, ni centralización, ni paz. La actitud de los hombres, no centrada en su interior, crea condiciones caóticas, tanto en el interior como en el exterior. Así como muchos dioses gobiernan en cada cultura y clase social, en el bastidor político y religioso, y también alrededor de la mesa de planta en los bares y en el horno de la casa, así muchas fuerzas psíquicas gobiernan la vida desde el interior.

Cuanto más existe el caos, tanto más el hombre es susceptible para seductores de pueblo, para una conducta demagógica hábil, para los acontecimientos envueltos en un baño de azúcar. Algunos no ven la conexión entre su actuar (su omisión) y el rearme (la destrucción de la naturaleza). No obstante, pretenden colaborar con la paz y la libertad.

¿Quién piensa que entre un ideal conductor y una figura como Hitler quizá solamente la apariencia externa es diferente, y que el efecto de Hitler como del ideal conductor en la vida psíquica de las masas de los hombres puede ser tan desastroso? ¡Que poco es necesario para entretener con promesas falsas y con máximas visionarias! Un bastidor bien puesto en escena, ahí "encantador", y allí "dentado", siempre tiene su efecto. Las escapadas espirituales son tan peligrosas como la demostración del poder con un inventario militar. Cuanto más el hombre se construye su mundo material y social, basándose en sus posibilidades técnicas, y sin reflexionar en los riesgos psíquicos que está corriendo, tanto más grande resultará su caos interior. Es un círculo vicioso: El caos dado y creciendo en el mundo psíquico es otra vez la pulsión para crear el mundo.

En todos los lugares los hombres buscan un "salvador": en las iglesias, en la política, en la economía, en los movimientos psico-religiosos. La causa, ciertamente, no sólo se halla en el interior. Ya una criatura miserable puede, con un micrófono y con amenazas de castigo draconiano, aterrorizar a la masa. Quizá es necesario para todo esto solamente una dirección artística de algunos hombres. Para los políticos en el futuro resultará siempre más difícil no practicar el control de los problemas mundiales por medios militares y por el poder del Estado. Las angustias se pueden comercializar de modo: económico, religioso, psicológico, y con el poder de la política. No se puede superar el caos en la masa. Las soluciones tampoco se encuentran en la calle.

Ejemplo (D2): Decisión para la transformación de sí mismo

Una simple encuesta de una figura simbólica en la imaginación esclarece varios aspectos del primer "gran cambio". Podemos iniciar una imaginación pasiva. Con las preguntas: "¿Qué tienen que hacer los hombres para encontrarse a sí mismos y para transformarse? ¿Qué desafíos resultan de la experiencia psíquica sobre el estado interior primitivo? ¿En qué consiste concretamente esta transformación? ¿Qué tiene que decidir y hacer cada uno para salir creciendo de este modo arcaico? Unos ejemplos resumidos y con las interpretaciones de las personas que meditaron pueden esclarecer las decisiones de la iniciación:

1) "Hay algo en mí que quiere vivir. No le doy ningún espacio. Estoy ocupada con visitas, encuentros, compras y viajes durante los fines de semana. Estoy amable y cortés con todos. Una sombra oscura me acompaña. Nunca debo ser mala y agresiva. Mi marido tiene razón cuando dice que no debo ser complicada. ¿O quizá no tiene razón? El soluciona todas mis dificultades y problemas con unos comentarios. Dice a menudo, que tiene una empresa, que trabaja duro y que por eso quiere pasar su tiempo de ocio sin preocupaciones. Ahora lo vivo intensamente: Si yo no me ocupo de mi misma y no busco el sentido de mi vida, no habrá un desarrollo en mi vida. Veo como me enajeno corriendo y que me desvío de la vida real. No quiero ver seriamente lo que también aún está en mí. A veces pienso que lo que dice la psicología es pura tontería y está

llena de exageraciones. Hay que ser astuto en la vida, es importante. Un sabio me enseña ahora el camino que lleva a través de muchos países, de valles y de montañas. Detrás está el país que anhelan los hombres. Ahí brilla el sol durante el día y la noche."

2) "Una voz interior dice que no soy sincero frente a mí mismo, que estoy simulando algo en mí mismo. Luego veo un hombre de negocios que, sustentado por su éxito, domina en todos los sitios llenos de fuerza. Tiene llena su cabeza, está encadenado con muchas cadenas, y no puede vivir sin los demás; se fija en los otros. Su vivienda se parece a un agujero en el lodo. Dentro veo sus muebles. Pregunto qué tiene que ver todo esto conmigo. Casi pienso que el mundo psíquico es más importante que el mundo exterior. Enfrente de nuestra casa se amontona basura con muy mal olor. Encima hay un monje, vestido de negro, leyendo libros de leyes y mostrándome su dedo índice. Alguien dice en voz baja que tengo que empezar a desmontar este montón de basura. Luego me veo viejo y sabio sentado en mi jardín. Me parecen unas imágenes idílicas y tontas."

3) Veo a mucha gente. Un hombre nada en una cloaca, dice que hay que ser sucio en la vida, si no, uno no logra nada. Un joven juega al tenis y opina: ¡Corro de un lado a otro hasta que a mi adversario ande a rastras! Un grupo de mujeres está enfrente del

ayuntamiento, se manifiestan contra el mundo de los varones. Los hombres en el parlamento ejercen el correr baquetas. Ahora vienen los adictos del trabajo, los ideólogos y los generales. Pienso casi sarcásticamente: Aquí sería necesario un cambio, pero resultaría difícil. Finalmente surge el símbolo de la vida. Veo como mucha gente se fija en esto. Dudo si el tema de este símbolo podría ser eficaz también en cuestiones políticas y económicas."

Comentario: El tenor básico de estos resultados es unívoco. La transformación de sí mismo exige dedicarse al mundo psíquico. La decisión principal es: Ocuparse del mundo psíquico interno y aceptarlo como más importante que el mundo exterior. Los desafíos concretos son diferentes; corresponden a la persona que medita. Pero cada uno está llamado a buscarse a sí mismo más profundamente, y a mirar quién y qué es, además. En vez de la actividad externa, se impone retirarse y vivir con más reflexión. Tengo la impresión que tendría que corregir ciertas ideas de valor y muestras de solución. Es obvio la falta de la confianza en sus propias fuerzas: Todos buscan la orientación, la estabilidad y la seguridad en el mundo material y en la vida social. Pero la transformación de sí mismo exige un pensar y actuar dirigido hacia el interior. Las decisiones necesarias, en un estrato más profundo se relacionan al tema del ser humano: La confesión (aceptación) del ser psíquico y la dedicación a su país interior en el alma.

La transformación no es un procedimiento único y puntual. El "cambio" en la vida propia no se puede realizar en unos días o semanas. La fase de las decisiones para la transformación de sí mismo es duradera. No podemos superar en nuestra vida diaria los desafíos en cierto modo sin dificultades y con rapidez solamente con intenciones buenas y con fuerte disciplina.

En la vida diaria surgen momentos de decisiones múltiples. Algunos extractos de comentarios de varias personas pueden aclarar esto:

♦ "De verdad, por una vez ahora quería estar solo para hojear mis diarios. Pero una amiga me llamó y quería ir conmigo al cine. Me fue con ella porque ya hace mucho tiempo que quería ver esta película."

♦ "Por la mañana no tengo tiempo para apuntar mis sueños. Me levanto poco antes de las ocho, luego siempre tengo una prisa terrible, pero nunca puedo levantarme más temprano."

♦ "Este negocio es tan interesante que me gustaría ocuparme más tarde de las preocupaciones de mi mujer."

♦ "Oh, los niños pueden jugar con la tía; mientras que yo prefiero ver el partido de fútbol."

♦ "¡Calla ya con estas lamentaciones! ¡Siempre exageras!"

- "Mi madre me prepara siempre una comida muy buena cuando la visito; no, pasado mañana yo no tengo tiempo. Justamente este día habrá una comida de fiesta."

- "Ahora necesito dinero para un coche nuevo; en un mes nos vamos de vacaciones. Luego me hace falta un aparato de vídeo. Para todo esto tengo que trabajar mucho. Después tendré tiempo para ocuparme de mis asuntos psíquicos."

- "El cura dijo que en todo caso no debería caer en el pantano de la psicología. Ahí no voy a encontrar a Dios."

- "Preparé con mucha alegría mi fin de semana; quería leer, escribir, meditar y relajarme. La vecina me preguntó si podría cuidar a su perro porque se irían de viaje para unos días. Otra vez no pude decir 'no'."

- "Decidí no visitar a mis padres durante un cierto tiempo. En todo caso no van a dejar su rígida fe. Por la tarde me llamó mi padre y me preguntó si quería ir a su fiesta de cumpleaños. No me atreví a decir 'no'; hubiera ofendido a mi madre."

Un tema básico del proceso de la individuación entera lo podemos describir con la palabra "integración"; un segundo tema, ya para descubrir y para practicar en la primera fase, es el deslinde psíquico. Un modo de deslindarse, es la coraza psíquica. Esto efectúa una inaccesibilidad y una rigidez, en su mayoría en conexión con un pensar ideológico y dogmático; la flexibilidad ejerce y demuestra qué, de verdad, no tiene importancia. El deslinde psíquico es dinámico y procede de la percepción de la psique propia. Prepone ciertamente la experiencia consciente de una multitud de influencias según parece banal. En este estado uno principalmente no acepta y no aguanta nada. El mundo psíquico es tan importante que en muchas ocasiones se opone a la decisión de no continuar siendo de la partida.

Cada uno puede entrenarse en este deslinde, por ejemplo, en el centro comercial. Cuando uno tiene presente sus sentimientos internos que resultan de la multitud de ofertas, puede descubrir las causas psíquicas de muchas frustraciones incomprensibles.

Cuando algunas personas están juntas siempre hay energías psíquicas de todas las personas presentes que operan vivamente. Dirigiéndonos para sentirlos, reconocemos lo que produce los estados emocionales que luego parecen inexplicables. Las opiniones de otra persona reciben con esta experiencia energética un enriquecimiento. Mientras que experimentamos esta energía, sentimos los efectos de esta energía en sí misma. Ahora es el momento de decidirse para el deslinde: ¿Quiero yo esta influencia? También la vigilancia frente a actitudes sugestionables de otras personas nos empuja a deslindarnos. Pero las fuerzas psíquicas propias buscan siempre de nuevo una actividad externa: el niño interior (la niña) busca a una madre. Una persona que estaba en su infancia suprimido por su padre, quiere vengarse siempre donde pueda. El propio juez interior rápidamente traba amistad con su colega patriarca de trabajo. A veces basta una idea como "¡Si tuviera un marido más cariñoso!", y ya una mujer está orientada a otro hombre, quizá el vecino. O: "¡Si fuera más erótica mi mujer!"

El deslinde significa también una conciencia más y más amplia sobre el propio pensar. Los pensamientos son rápidamente pensados, y más rápidamente olvidados; pero en su mayoría tienen efecto ulterior, a veces por un largo período. Con el tiempo los pensamientos se superponen y crean inconscientemente nuevas cadenas con el entorno personal entero.

El deslinde psíquico empieza en el interior. Ocurre a través del proceso de la transformación de las fuerzas del alma. La relajación periódica facilita nuestro deslinde, porque, una vez relajados, nos dejamos irritar mucho menos. *En este deslinde no hay ni abandono, ni condenación.* Las fronteras se forman por la comprensión. El deslinde siempre está al mismo tiempo, orientado hacia el interior y el exterior. El deslinde total tiene éxito solamente en el estado de la individuación cumplida; porque el hombre está centrado en su interior, y no hay más fuerzas inconscientes que se proyecten al exterior y que se agiten ahí. La experiencia psíquica y la evaluación forman la voluntad y la capacidad de decidir. La vida está controlada por la inteligencia absoluta; Los sueños y las meditaciones reflejan este proceso. Todas las necesidades psíquicas se pueden saciar. No hay más anhelo psíquico que el que uno tiene que sustituir. Este estado es por sí mismo el deslinde.

El deslinde psíquico finalmente no es una técnica psicológica, tampoco una forma de trato con los hombres. Es un estado psíquico: El círculo del sistema psíquico entero está cerrado. Casi nada puede entrar sin control. Los primeros intentos de liberarse del inconsciente caótico común demandan muchos esfuerzos para deslindarse, entrenado con experiencias pequeñas banales en la vida diaria.

Esta primera etapa del proceso de la individuación tiene una longitud de período diferente. El paso a la segunda etapa es difícil de determinar, porque es cambiante, y por qué se necesitan innumerables "regresos" para fortalecer las fuerzas psíquicas. Ya es difícil identificar el punto del comienzo de los esfuerzos. La vida entera es un "comenzar" permanente. También un psicoanálisis de varios años, o una psicoterapia, a veces pueden llevar al hombre al punto donde empieza la realización del gran cambio. La iniciación se puede efectuar intelectual y emocionalmente, sin que haya un solo paso adelante en el alma. Cuando uno empieza con un fin determinado a explorar su mundo psíquico, y a elaborar su pasado propio, va a ser capaz, dentro de dos o tres años, de dedicarse decisivamente al tema básico del ser humano y de dar la prioridad al mundo psíquico, equilibrado a todos los lados.

Ya el comienzo de la etapa de donde procede el "gran cambio" de la iniciación es una obra exigente para el hombre. Pues nadie puede escaparse de las cadenas del caos sin experiencias de sufrimiento. Sin trato práctico de la lengua del alma se pueden hacer solamente pasos de transformación limitados. En un punto crucial uno siente que hay que perderlo casi todo: Actitudes antiguas, modos de vivir, psicologías cotidianas, también la prioridad de la razón, el afán de poder, la conducta imponente, las ideas la moral, imágenes del padre y de la madre, apego a la casa paterna, el ego infantil propio, el espíritu época, principios de castigo, auto-imágenes, las ideas sobre las posibilidades de "poder hacer todo".

3.2. Desde el "muere y renace" hasta la reconciliación y la unificación con la vida: las luchas del alma

"Muere y renace" significa ante todo disminuir y soltar las relaciones. Hay que desembrollar los enlaces y que perder las fijaciones. "Morir" produce la liberación de las barreras de los cinco sentidos, del dictado de las pulsiones y de la dominancia del intelecto. El ego antiguo tiene que morir en este sentido. En el morir psíquico hay que abandonar los principios adaptados y las estructuras antiguas, hay perder la fijación al mundo y hay que superar el estar arraigado a lo material. Con el morir paulatino del ser humano antiguo crece la experiencia de la vida psíquica enterrada. La vida comienza a crecer. Las profundidades del alma llegan a ser el fundamento de la fuerza del yo. La experiencia del origen doble del ser humano (terrestre y psíquico) produce una aceptación y una admisión de la totalidad propia. El estar en el mundo recibe un nuevo valor. La conciencia que va aumentando y arraigando en el interior reorganiza el mundo psíquico. (En el esoterismo hablan de la "subida a la luz para morir").

Este proceso exige sufrir las contradicciones (oposiciones), buscar duramente lo nuevo y probar lo que se ha transformado. El hombre exterior vive en sus nuevos roles. Y también el árbol de vida, incluido el tronco y sus raíces se renueva. Del tocón seco y moribundo crece una rama nueva hasta que se convierte en un nuevo árbol entero y fuerte: Esto es la reencarnación espiritual. Y junto con esto se forman los temas esenciales del ser humano. (En la alquimia encontramos palabras como "mutación" o "transfiguración".)

"Morir y renacer" significan también: búsqueda, lucha y desunión interna. Es imprescindible a veces soportar una soledad grande para encontrar la vida nueva. Las actitudes antiguas, las persuasiones y los hábitos son tenaces y la presión social casi omnipotente. "Morir" significa desde el punto de vista de la psicología profunda: Transformación del mundo de los complejos. Así se diluye el pasado vivo. Las ideologías y los dogmas mueren. Todo lo que suprime, deniega y abandona la vida psíquica debe morir. La psicología diaria diría: Hay que cambiar el carácter. O moralizando: Hay que superar los vicios; hay que disminuir las malas costumbres para llevar y vivir la nueva vida. Pero solamente por la comprensión de lo no desarrollado propio crece la vida nueva. La condenación moral de sí mismo, las prohibiciones y las prescripciones solamente producen una represión. Lo que uno rechaza, abandonándolo, crece como un contra-jugador destructivo permanente.

Después de un cierto período el que está en su proceso de desarrollo alcanza un punto de cambio decisivo: Las nuevas fuerzas psíquicas se equilibran con el "yo antiguo". Este momento es la mitad del proceso de la individuación. Tarda unos meses hasta que uno puede estabilizarse en este punto medio y hasta que las nuevas fuerzas se sobreponen.

En esta fase es más fácil recuperar de nuevo el equilibrio psíquico después de un "descarrilamiento". Al inicio quizá se tarda unos meses hasta que uno está de nuevo cerca de sí mismo y puede superar la "caída atrás". En el curso de tiempo uno logra, ya en retrocesos fuertes (es decir: apartamiento de sí mismo), recuperar su estabilidad interna después de una o dos semanas. Después de esta fase la persona toma sus decisiones importantes desde su interior psíquico: la elección de la profesión, un cambio del puesto de trabajo, el matrimonio, el divorcio, las adquisiciones, etc. También las actividades regulares como por ejemplo visitas, lectura, fiestas, vacaciones, excursiones, el consumo de tele y el trato a los demás proceden con más conciencia. Incluso en una charla sin importancia uno puede reconocer espontáneamente cuales de las fuerzas psíquicas se agitan secretamente. La realidad psíquica llega a ser la "segunda realidad" que uno siente más y más como algo "normal". El tercer ojo ahora ve casi por hábito aquel noventa por ciento de la realidad que el ojo físico no puede percibir.

La auto-renovación nos lleva a nosotros mismos. La liberación del "hombre antiguo" produce la "salvación" y la totalidad, el cumplimiento del ser humano, y en este sentido la "resurrección". La vida psíquica, anteriormente rechazada y denegada, ahora es una parte de la vida real. Cuando uno deja guiarse por la inteligencia absoluta, encontrará su origen propio. La unión con la fuente de la vida se consigue paulatinamente y bajo muchas luchas. En estas subidas y bajadas la experiencia de la totalidad llega a ser parte de la realidad psíquica normal.

El término "unión mística" describe este procedimiento psíquico: la unión con Dios, con el espíritu y con la vida. La unión mística esclarece la cuestión del sentido del ser humano, remite a las fuerzas que crean la vida y a la unión de lo masculino con lo femenino. En este proceso procede la reconciliación de las fuerzas opuestas interiores. El "rey enfermo y viejo" está muriendo. Y se integra el espíritu interior como principio conductor. No antes de esta unión mística procede el llegar a ser un "niño de Dios" (un ser humano en Dios).

El proceso de la reconciliación y unificación se desarrolla en pasos muy pequeños y tarda mucho. Todas las fuerzas elaboradas tienen que probar su eficacia en la vida diaria. El proceso psíquico interior no se puede "hacer"; se procede por la dinámica de las fuerzas nuevas creadas, cuando todas las condiciones previas están dadas. Lo nuevo empieza por la presión, la selección y la mutación. La vida demanda el desarrollo, busca movimientos y siempre de nuevo se entrelaza. La reconciliación y el comienzo nuevo son algo que ocurre diariamente, cuando uno quiere evitar su envaramiento (rigidez).

A menudo se puede descubrir un desarrollo contra corriente

inesperado: La ternura aumenta en cuanto que la rigidez y la avaricia disminuyen. La femineidad crece en el interior y en el exterior, cuanto más se reduce la soberbia intelectual y masculina. Pero también: Cuanto más rechaza y deniega uno la vida psíquica, tanto más se forman barreras interiores contra las formas de vivir que favorecen la auto-realización.

No nuevo se forma a través de una exploración minuciosa de las realidades psíquicas y sus trasfondos. Cuanto más amplia es la percepción psíquica, tanto más constructivamente se pueden desplegar las fuerzas psíquicas.

El desarrollo, el crecimiento y el despliegue son términos que contienen una diferenciación que progresa. El desarrollo es un proceso espiral y en etapas, significa la subida del ser inconsciente al ser consciente, la ampliación de la materia por la integración del espíritu, y también la centralización de la multitud de la unidad integradora. El desarrollo demanda ideas que se pueden practicar y aplicar eficazmente. Una cierta selección de lo que ha probado su eficacia es inevitable para progresar. Fijarse en lo antiguo provoca una paralización y a veces un paso atrás. El que cae atrás en el caos, está recogido por estas fuerzas antiguas. Por eso digo que el desarrollo significa también una selección. Cuando falta la capacidad de transformación, las condiciones de la vida externa provocan nuevos bloqueos decisivos. A veces hay que cambiar las condiciones externas sistemáticamente y con fines claros, cuando no quiere quedar estancado. También una cierta capacidad de adaptarse favorece las transformaciones. La integración de lo diferente forma una nueva creatividad de vivir. Ya la dinámica sola de este procedimiento de desarrollo enriquece. Pues aquí se produce la construcción y el fortalecimiento del "nuevo ser humano".

En las épocas anteriores la evolución del ser humano estaba caracterizada por la lucha de sobrevivir físicamente. *En el milenio nuevo la nueva característica de la evolución va a ser la lucha de la integración psíquica.* La pregunta "¿A dónde vamos?", es la nueva línea directiva, mientras que hasta ahora la pregunta "¿de dónde hemos venido?" estaba en el centro.

La pregunta sobre el camino a sí mismo es también una pregunta sobre las realidades psíquicas. La evolución de la humanidad es la suma de los caminos de los hombres hacia sí mismos.

Ejemplo (E1): El camino hacia sí mismo:

El llegar a ser sí mismo y la auto-realización son un proceso que podemos imaginar fácilmente como un camino: "¿Dónde estoy en este camino? ¿Cuánto falta hasta el final (la meta final)? ¿Qué hay en este camino entre mí y la meta final? ¿Qué estado de la auto-realización he alcanzado yo? ¿Cuál es mi nivel de conciencia?"

1) "No veo nada. Hay niebla en todos los lados. De pronto veo un montón de estiércol en medio del camino; representa mi infancia y los años pasados. El camino es pedregoso. Alrededor hay bosques oscuros y poca vida. Ahora estoy volando. Abajo veo mi camino que me lleva a través de soledad, yermo, paisajes de pantano, valles, montañas, todo con una extensión casi infinita. Muy lejos, al horizonte, veo una luz. Ahí hay un palacio: mi meta final."

2) "Muchísimos hombres corren ahí y luego allá. Pero siento que mi dirección es correcta. No obstante, unos animales primitivos me amenazan. Me quedo parado en el lodo. Unas espinas me pican. Tengo que soltarlo todo para travesar nadando un río, y luego acercarme a la meta en la soledad. Busco un atajo y llego a una calle sin salida. Luego ando sobre una cumbre larga. Ahora estoy delante de un portal; detrás está mi país nuevo. Ahí están las personas que se han encontrado a sí mismos. Pero yo ahora no puedo entrar; es demasiado pronto."

3) "La gente me llama y me dice que debo ir con ellos, que conocen el tren rápido que llega directamente a la meta final. Dicen

que no es necesario matarme trabajando en estos caminos escarpados y penosos. Eso pienso yo también; luego encuentro este tren y subo. Se pone en marcha. Con espanto me doy cuenta que ahora estoy en una prisión. Mis guardianes se ríen."

Comentario: Tales meditaciones nos enseñan el trabajo de la auto-realización: Ante todo dominan el caos y el ser inconsciente, y hay una sobreabundancia de inventario psíquico, muchas ilusiones y formas psíquicas no formadas. El proceso es raramente un camino que lleva continuamente adelante. Cada uno tiene que ir solo en este camino. Ninguna psicología, ningún amigo y tampoco el partenaire de pareja pueden aliviar a la persona de los esfuerzos y del sufrimiento. Cada uno tiene el tiempo que quiera, puede ir por su camino tanto tiempo como quiera. Pero, cuando una vez que ha empezado, resultará difícil volver atrás al ser inconsciente.

Se puede enseñar a una persona este camino de la individuación solamente en límites. Cada uno debe descubrir por sí mismo la señalización, desarrollando un presentimiento para el mundo psíquico que existe detrás de todo. Podemos comparar el proceso con un recorrido de orientación: De una señalización a la próxima recibimos la indicación para le meta siguiente y el tema de elaboración (prueba). Cuanto más pegada está una persona a lo material, al poder y al dinero, tanto más intensamente operan las resistencias inconscientes contra una ampliación de la conciencia que podría esclarecer los complejos inconscientes. La búsqueda empieza con la aceptación de los conflictos, del mundo exterior, y con la reducción de las imágenes ideales propias de sí mismo. Los ideales pueden activar fuerzas destructivas desastrosas.

La decisión para la auto-realización llega, a veces con repetición, a un punto donde la persona ella misma forma parte viva del camino dinámico. Es el proceso que llega a ser el "país". La meta misma es el precursor.

El sentido de la vida consiste para muchos hombres en ganarse la vida, una vivienda y el ocio. No raramente lo único que vale es exclusivamente la reducción de tensiones y el "pasar el tiempo". La realidad sirve de medio directo para satisfacerse su pulsión: en el comer y beber (y fumar) exagerado, en el consumo de sexo, y también en varias formas de ejercer el poder.

Muchas personas han sufrido mucho en su vida, han visto la miseria trágica y luego no pueden creer que todo esto tenga un sentido. Pero la falta de sentido mismo es una experiencia de sufrimiento. Cuando una persona disminuye su dolor psíquico por cualquiera adicción, lo desvía para huir o lo colorea y lo legitima con fantasías creativas, no se aprovechará constructivamente de su sufrimiento.

Muchos experimentan la cuestión del sentido de vida en el valor que reciben de los demás, y se sienten sin valor, no inteligente, poco hábil e impotente. La pregunta del sentido puede llegar a ser un problema para sobrevivir. *¿Dónde tiene cada uno que encontrar su sentido de existencia, si no en su mundo psíquico, dónde se "hace" la vida?* Es por el llegar a ser consciente y por la integración que la vida vivida llega a ser la experiencia de sentido. La vida misma es el sentido de la existencia. Cumplir el sentido significa luego "cumplir la vida", o "vivir la vida". Cuanto más integra el hombre la plenitud de la vida, tanto más profundo resulta su cumplimiento. Pero no podemos integrar la vida antes de que comprendamos el mundo psíquico, de que nos centremos en el centro psíquico, y de que recuperemos el equilibrio de las fuerzas de la vida. La cuestión del sentido está arraigada en el mundo psico-espiritual; por esto el mundo psico-espiritual nos lleva al autoconocimiento, al llegar a ser sí mismo y finalmente a la individuación completa. Dentro de este aspecto la auto-realización significa la "realización de la vida".

Los ideales son orientaciones favorables cuando integran también los elementos del trabajo diario regular. Nos ayudan a encontrar el sentido cuando el "sudor mundano" puede ser algo "normal". Ya también las tecnologías de todo tipo favorecen la vida, presupuestos que dan a la vida psíquica el espacio necesario para vivir y para expresarse la persona (autoexpresión auténtica).

Ejemplo (E2): La búsqueda del sentido de la existencia

La búsqueda empieza con la experiencia directa – porque esto es la vida esencial –, preguntando espontáneamente en la meditación: "¿Qué sentido tiene todo esto de mi vida?" Es una pregunta muy sensible; entonces empezamos buscando la tranquilidad interior, y escuchamos la voz interior que nos da las respuestas en imágenes o palabras:

1) "Veo a muchos hombres que se reconcilian. Las fuerzas psíquicas están en un proceso de unificación. Dice la voz: Tienes que aprender a experimentar, reconocer y mirar. Y continúa la voz: Todo es un solo pensamiento gigantesco. El orden cósmico está ahí. ¡Experiméntalo!"

2) "Ser una marioneta no puede ser el sentido que busco. Pero puedo experimentar por esto lo que es la vida. Veo la naturaleza creciendo en todos los lugares. Veo a los hombres que trabajan y luego cosechan. Me acerco al sol. Toda la vida se acerca al sol. El sol es la fuente de la vida. Muchos hombres se quedan tumbados en la playa al sol y piensan que así pueden acercarse a la fuente de la vida. Pero el sol brilla en el interior. El sentido de la existencia es

ante todo la experiencia de la vida psíquica interna. Tengo que elaborarme mí mismo, desplegar las fuerzas del alma, suavizar la rigidez, soltar los libros de las leyes y de los jueces, buscar mi propio plano de vida."

Comentario: A veces oímos "No puede ser tan difícil encontrar un sentido en la vida." Ciertamente hay mucho que podría dar sentido: Un compromiso social, el arte, el ser padre y madre, la enseñanza o la ciencia. Pero en todo esto existe el peligro de que uno no oiga sus fuerzas psíquicas desamparadas que buscan la liberación y que demandan su integración. Los esfuerzos exteriores para la auto-realización, también por una actividad altruista, pueden cubrir las condiciones psíquicas no desarrolladas.

3.3. Sobre la nueva vida y sobre la totalidad psíquica integrada: El hombre en la individuación cumplida.

La tercera etapa del proceso de la individuación es: El cumplimiento definitivo de la totalidad y de un arraigo en el mundo centrado en la vida psíquica. El hombre nuevo ha encontrado su medio interior y vive desde la autoridad interior; ha logrado la renovación psíquica. La relación con el mundo está revisada desde el interior. La libertad psíquica se ve en todos los lados. Los intereses, las tendencias, los deseos y las necesidades se forman centrados en el interior y están equilibrados enteramente. El "hambre" psíquica ahora es saciable. La relación con el cuerpo y con placer tiene un valor positivo y, principalmente, aceptando la vida. El hombre con la individuación cumplida se experimenta a sí mismo directamente. El trato a los demás es con comprensión y reconciliación, en deslinde, pero siempre abierto y promoviendo la vida. El hombre en la meta final vive con meditaciones, vive dentro de la vida – y no al lado de la vida. Vive desde su experiencia psíquica, en el enlace con el universo, y la experiencia de Dios en su alma propia. La vida ha encontrado su estructura, y expresa esta estructura. Este hombre sabe su obligación con la responsabilidad.

Vivir, solamente, un poco fuera del medio interior provoca que nada funcione "redondo": El que está fuera del borde del círculo cerrado de la individuación, vive fuera; y no tiene importancia si está unos metros lejos del borde o mil kilómetros.

El hombre que ha cumplido la individuación vive en una variedad equilibrada, sin ascética y sin disciplina rígida. La disciplina es una autoexpresión y no un esfuerzo de la voluntad. La femineidad y la masculinidad están integrados, cerca de la vida y no en una imagen estilizada encima de lo puro y noble. Para la mujer la masculinidad llega a ser un tú cooperativo en todos los asuntos de la vida psíquica y real; lo mismo vale para el hombre: la femineidad llega a ser un ser humano cooperativo frente a él, a una persona entera, y esto no solamente en el nivel comunicativo y espiritual. En esta relación se cumple la vida que crea siempre de nuevo la vida constructiva: en el sentir, en el pensar, en el actuar, en el ser cariñoso, en la sexualidad, en la vida social. El hombre que ha alcanzado la individuación es liberado (salvado) por su estar centralizado y por su totalidad cumplida. Este estado es ciertamente la condición previa de la idea que "Dios salva al hombre". En la experiencia de la vida psíquica empieza la felicidad. Es el yo que libera las fuerzas psíquicas en el proceso de la individuación – y nunca esto puede proceder por un "Dios ex máquina".

Nuestra tercera etapa lleva al "ser rey" en el sentido del Grial. Dicen que este "ser rey psíquico" es "andrógino" (al mismo tiempo hombre y mujer). Esto quiere decir que el hombre *y la mujer* pueden lograr este "ser rey". Y más: La masculinidad no permanece más en oposición con la femineidad. Ambos aspectos forman una unidad, mientras que un aspecto se integra con el otro (en el sentido de "animus" y "anima"). La vida psíquica ahora está ligada en el espíritu. La vida psíquica es superior y el espíritu es el principio de gobierno, y juntos forman el "principio regio". El alma se ha convertido en la estructura de un cristal: Todos los complejos son liberados, las oposiciones reconciliadas y lo complementario unido con la totalidad. La conciencia y el ser inconsciente son unificados, están centrados en la inteligencia absoluta y formada por esta inteligencia.

El proceso psíquico del "ser rey" en el alma también procede de la experiencia del origen ("país") del ser humano. La mirada del grial – la vida verdadera y universal – es al mismo tiempo encuentro de Dios y pacto con Dios. En la literatura se dice entre otras cosas: Con la entrega del anillo dorado se recupera la legitimación del hijo perdido, el poder y el derecho de disposición están dados, la solidaridad del rey con su pueblo (país) está expresada, la fidelidad en el pacto con Dios mutuamente garantizada. El anillo es la insignia regia del rey y la expresión de la unión con Cristo. Con otras palabras: El anillo con el sello del círculo-cruz-Mándala es la expresión del nuevo pacto entre Dios y su hijo, la expresión de un procedimiento que ningún hombre puede hacer.

El hombre que ha cumplido la individuación conoce los misterios de su experiencia psíquica. Él tiene la llave para todas las puertas del ser humano y del universo espiritual. Las declaraciones y las explicaciones son cosas de poca monta. Un misterio esencial es ciertamente: El proceso de la individuación es el tema fundamental (original) de las religiones y del esoterismo. Por eso los misterios de las religiones y del esoterismo se convierten desde la experiencia de la individuación en experiencias ilusorias. Pues, las enseñanzas y las prácticas que superan el proceso puro de la individuación, finalmente son ideas históricas y muestras de los rituales acostumbrados. Entonces, hay buena razón para que las comunidades del esoterismo quieran mantener "secretas" sus enseñanzas (sus misterios). Ninguno quiere que otros le digan que él está en el camino falso, sobre todo cuando su práctica tiene una tradición de siglos.

Las "iluminaciones" en el proceso de la individuación ocurren sin "rayos de luz" y sin "arrebatos". No es necesario ni el éxtasis, ni el trance. Los fenómenos para-psíquicos como la telepatía, la clarividencia o la psico-cinética (influir psíquicamente en la materia) no tienen nada que ver con la verdadera individuación. Tampoco es necesaria la ascética absoluta para llegar a ser sí mismo. Pues la experiencia sensual forma parte de la vida. El que logra la meta de la individuación no permite que lo transporten en una litera, no pone en escena una borrachera dionisiaca y extática. Los estados de iluminación, la capacidad de un sanador, de andar sobre un fuego (brasas), la elevación sobre la tierra (la levitación en el aire), y la emanación (el carisma) con efecto emocionante no son criterios de un "hijo de Dios". Sin duda éste tiene que traer al ser humano cosas mucho más importantes que fenómenos para-psíquicos y erupciones de exaltación de la masa.

Se entiende que el ser rey psíquico no puede ser un deseo libre de ninguna persona, cuando pensamos en las condiciones terrestres y humanas. Nuestro "rey", a decir verdad, conoce el país de las almas, pero en este mundo no tiene nada que decir. De las variantes regulares del trabajo del psicoanálisis sabemos: Casi nunca se pueden revelar las mentiras de vida de un cliente sin castigo. No se puede decir nada a un cliente cuando él no quiere (o puede) experimentarlo en su interior.

En nuestra tercera etapa el hombre a veces se siente tan aislado como un sol en el universo. Su interior le desafía enteramente y su mundo exterior le provoca permanentemente. No puede volver (a un estado anterior), y mil veces estaría contento si nunca hubiera empezado a andar este camino. Se pregunta cada día si el interior le soporta. La desilusión, casi sin límites, que le producen la antropología y la religión, puede aplastarle, cuando busca en el mundo exterior la confirmación de las verdades que encontró en su interior. Está tan lejos de los hombres como los hombres están tan lejos de su propio mundo psíquico. Él no puede reprimirse más y casi no puede apartarse de su conciencia elaborada.

El hombre que ha cumplido la individuación está ligado en el pacto con Dios. Tanto el hombre como la mujer viven en esta experiencia psíquica enteramente su "ser rey del Grial" y su "ser humano divino". Tras haber alcanzado la meta de la individuación la persona puede decir: "Yo vivo el símbolo de vida. Soy un símbolo de vida."

He señalado que el modelo del proceso de la individuación no se puede probar empíricamente. En principio cada uno puede opinar lo que quiera y lo que piensa de bueno. En la literatura del esoterismo encontramos a veces ideas entusiásticas y exaltadas sobre la meta superior de la individuación. (Con esto también favorecen la tiranía.) La argumentación se desarrolla con sabiduría y: El que toma este camino, encontrará la verdad. El que no quiere ir por este camino, no tiene ninguna posibilidad de examinar las enseñanzas y los modelos. El que no quiere realizar el esfuerzo de este camino penoso, forma parte de un sistema ideológico y dogmático, sin quererlo. Casi cada iglesia se valora como "verdadera desde el interior". Casi cada escuela de psicología, de filosofía y de ideología forma comunidades y cada una opina ser la "correcta". Por otro lado, necesitamos ideologías y el dogmatismo; Los hombres no podrían vivir sin tales sistemas porque no está construida ninguna experiencia psíquica sistemática y porque no tienen ninguna estructura psíquica centrada en el espíritu. Se pueden reducir las enseñanzas aprendidas solamente en la medida que el proceso de la individuación progresa.

Nuestro modelo contiene acentos que ciertamente podrían ser

puestos de otro modo. En el esoterismo y en la psicología hay más de cien variantes de modelo para la auto-realización. El concepto que he desarrollado en este libro se orienta a los procesos dinámicos centrales de los procedimientos de transformación psíquica.

Los desafíos diarios son los mismos en todas las etapas del proceso de la individuación, por ejemplo:

1) La vida de los otros, a veces percibida como "la vida fácil", y también las actitudes de los demás frenan crónicamente a la persona que está buscando y andando su camino. A menudo uno puede pensar secretamente: "Quiero ser y vivir como los otros."

2) Siempre quieren que las cosas (en este proceso) crezcan rápidamente, más deprisa de lo que la vida permite. Luego sienten: "¡Ahora basta con todo este trabajo penoso!"

3) Siempre de nuevo la vida produce condiciones que podrían herir el orgullo, ofender o de cualquiera forma provocar el sentimiento que uno es tratado injustamente por la vida.

4) La falta de pareja, los aislamientos de la vida divertida pueden empujar a abandonar los esfuerzos. Entonces es comprensible que

el yo, con su percepción unilateral, a veces quiera volver al caos.

5) En todos los hombres existen más fuerzas destructivas de lo que cada uno de nosotros querría. "Pierdo los nervios" es un estado normal, sobre todo cuando uno está al inicio de un nuevo procedimiento de transformación y de progreso.

6) Cada uno busca siempre de nuevo en el exterior lo que de verdad está en su interior. Sentir un fracaso, elaborando sus fuerzas psíquicas, puede producir una resignación total: "Sin sentido, simplemente sin sentido es todo mi esfuerzo para vivir con honradez y con una conciencia abierta a la vida."

7) La elaboración de actitudes abiertas a la vida es difícil de manejar. No hay motivo para reprochar a una persona que esté impulsada por un "demonio interior sádico". Vivir el amor a la vida nos coloca grandes desafíos en la formación del carácter y en la elaboración de la conciencia. Cuando uno intenta vivir el amor, automáticamente se esfuerza más y más en no fijarse en la vida no integrada de los otros.

El hombre que ha alcanzado la meta de la individuación está más cerca de la vida que lo que describe la literatura del esoterismo. No podemos hacernos una idea sobre esta forma de vida sin una meditación:

Ejemplo (F1): En hombre nuevo en su vida diaria

Podemos imaginarnos que en todo el mundo se busca a hombres que ya hayan elaborado algo de su ser humano nuevo. Voy a presentar cinco resultados de meditación:

1) "En todos los lados veo caras vacías y tristes. Los hombres limpian la fachada de su casa. Brilla de limpieza. Pero dentro está espantosamente oscuro y desordenado. Llego a un instituto psicológico. La gente ahí está persuadida de poseer el ser humano nuevo. Quiero ver a este nuevo ser. Me dan un papel de embalaje y me muestran cómo embalan con esto a sus estudiantes. Se presenta como un hermoso regalo de Navidad. Pero dentro todavía está el hombre antiguo. Un obispo (enfadado) pregunta lo que me permito (explorar). Dice que aquí (en su iglesia) están acostumbrados a vivir con el hombre antiguo. Aquí comercian con las almas humanas. Luego viene un soldado joven, me enseña su uniforme y opina que ahora él ha encontrado su ser humano nuevo. Ahora viene el sabio y me muestra un álbum de fotos. Dentro está ilustrado el camino de un hombre que ha alcanzado la meta de la individuación. Y yo veo: Es un camino largo. No es solamente un

estado, es una forma de pensar, de sentir, de mirar y de vivir; es una piedra preciosa que hay que cuidar bien."

2) "La separación total de todos los hombres era necesaria", me dice un alcohólico y sigue diciendo que se sintió sacudido y casi desgarrado, que no encontró a nadie que apreciara sus esfuerzos en este camino, y que la soledad era muy dolorosa. Y continúa diciendo que ahora también está solo, pero no tiene más la pulsión de fijarse a alguien, y que ahora tiene la luz y la estabilidad interior."

3) "No he experimentado nada, dice un miembro del grupo que ha meditado. Y yo le pregunto: ¿Has tenido algún pensamiento o cualquier fantasía? – Si, me acordé de unos comentarios de mi padre. El opinaba que la psicología es una solemne tontería. Luego he pensado en mis próximas vacaciones en Acapulco."

4) "Veo a unos hombres contentos consigo mismos. Ellos no tienen ninguna coraza y no obstante tienen una firme estabilidad. El nuevo hombre no corre tras las voces que prometen la felicidad, porque encuentra la felicidad en sí mismo. El hombre nuevo está mucho menos tiempo en camino (por ejemplo, con su coche), sin embargo, es más flexible que las masas corriendo a alta velocidad. También él

consume, va a hacer sus compras al centro comercial, pero sabe lo que compra y por qué lo compra."

5) "Se me presenta un hombre nuevo. Dice que ha trabajado mucho consigo mismo durante años. Me enseña que es mucho más libre en sus elecciones, en lo que quiere hacer y experimentar. Me enseña también como los hombres se encadenan psíquicamente a los otros, mutua y permanentemente. El no cae fácilmente dentro de esto. La vida del hombre nuevo es emocionante e intensa, también cuando no ocurre mucho en su entorno."

Comentario: Paso por paso podemos experimentar con estas mediaciones que crear la vida desde el centro del interior propio produce estabilidad. Es también una experiencia de seguridad interna. La experiencia de la alegría interna es otra cosa que la alegría estimulada desde el mundo exterior. El trabajo de la individuación llega a ser el sentido de la vida diaria. Crear el medio ambiente desde esta vida 'pequeña' favorece la paz y las fuentes constructivas para vivir. La sabiduría tiene mucho que ver con la experiencia de la vida práctica. La sabiduría es el saber psíquico sobre la vida. Al inicio se cambian las etapas pequeñas el modo de vivir confuso. Es la vida psíquica la que enseña a los hombres a esperar. La indulgencia, la vigilancia y la sensatez forman las nuevas reglas esenciales para vivir. A través de errores y de "estar en calles sin salida" y a través de la evaluación exacta de las experiencias anteriores de vida se construye la sabiduría hasta una fuerza que determina el vivir. Este saber interno forma parte viva de la personalidad. La sabiduría contiene con el tiempo todas las profundidades del ser humano hasta el reconocimiento de Dios (gnosis).

Por la experiencia de los significados nos formamos los sentidos. El desplazamiento de los valores a favor de la vida psíquica y del "corazón" empieza ya en la primera etapa de la individuación. Esto reduce los miedos de vida difusos. La crisis de identidad, que caracteriza al hombre antes de la individuación, que es también una crisis de sentidos y de valores, se libera por tales transformaciones, se desarrollan mientras que la persona aplica sus nuevas comprensiones a su ser y actuar diario. El formar el entorno personal está arraigado en la experiencia del mundo físico y del ser humano al mismo tiempo. La creatividad no surge simplemente de la sublimación sexual. El hombre experimenta las fuentes vitales del afán de crear en la sabiduría misma. La psicología científica, desde su posición teorética, lleva al hombre sólo a los límites de la sabiduría, e interpreta la cultura del hombre siempre desde la sublimación de la pulsión, pero nunca desde la fuente de la inteligencia absoluta. La experiencia de la sabiduría no permite determinar la ascética o las máximas económicas como valores morales obligatorios. Experimentamos líneas directivas en la inteligencia absoluta, y con esto también en el proceso de la individuación: Es la vida que da la orientación para el sentido, el valor y el actuar. Y, porque la sabiduría significa también el saber de vida incorporado, podemos definir las palabras "sabiduría", "vida", "amor", "sentido", "valor" e "individuación" como un conjunto unido entero. Desde esta unidad integradora crece la confianza básica en la vida, la bondad y la esperanza.

Ahora tenemos todas las oportunidades para el mundo del futuro: Un nuevo espíritu época puede integrar este conjunto múltiple, y esto facilitará la creación el mundo nuevo y la solución de los problemas mundiales.

Las meditaciones sobre los símbolos, y especialmente sobre los arquetipos contienen experiencias decisivas, por ejemplo: El "hexágono" (una estrella hexagonal, compuesta con dos triángulos) puede expresar de modo simbólico la conexión integradora de dos mundos. En el esoterismo este arquetipo contiene diversos componentes: Es la estrella del macrocosmos; es el principio "lo exterior es igual a lo interior y al revés"; es también la suma de todo conocimiento.

La unidad básica es el triángulo y con eso la cifra "tres", con los significados esenciales:

- Existe un mundo empírico (la materia), un mundo espiritual y extrasensorial (el mundo astral), y además el mundo divino (el espíritu, lo absoluto).
- La trinidad: El padre, el hijo y el espíritu como una unidad única.
- Las tres virtudes centrales: La fe, la esperanza y el amor.
- El modelo de la evolución: Hombre, mujer y niño.
- La unidad del ser humano: El cuerpo, el alma y el espíritu.
- En los modelos alquímicos de la individuación: Separación, putrefacción y la vivificación nueva (el llegar a ser nuevo).

El triángulo con la punta hacia abajo significa la realidad espiritual y celeste que se vuelve hacia el mundo terrestre y humano. El triángulo con la punta hacia arriba significa el mundo terrestre material del ser humano que se vuelve hacia lo espiritual. Podemos usar igualmente la palabra "espiritual", "psíquico" o "divino". Entonces el hexágono significa la unión integradora de los dos mundos del ser humano: La vida física y el mundo psíquico interno están integrados armónicamente; la vida material se ha unido con equilibrio con la vida espiritual; todo lo espiritual se expresa en lo físico, y toda la vida física está fecundada por la vida espiritual. El hexágono es el símbolo para los criterios esenciales de la sabiduría.

Esta determinación del arquetipo tiene ciertamente un acento personal del autor. Pues en la literatura también hay determinaciones múltiples, a veces confusas y contradictorias. Es esencial la práctica de la experiencia meditativa de este arquetipo:

Ejemplo (F2): El hexágono = La unión del espíritu con la materia

Podemos meditar sobre este arquetipo en cuatro etapas. 1) Primero imaginamos un triángulo con la punta hacia arriba. Le pregunta de la meditación es: "Triángulo, ¿qué efecto tienes tú, cuando te considero solo?" 2) En un segundo paso nos imaginamos el triángulo con la punta hacia abajo. Luego hacemos la misma pregunta. 3) En tercer lugar ambos triángulos deben unirse y formar un hexágono. Entonces la pregunta es ahora: "Hexágono, ¿qué significas tú?" 4) Y finalmente podemos utilizar este hexágono como un espejo que refleja las condiciones propias. Tenemos presente la imagen de este hexágono, que ahora es la unión de los dos triángulos, y queremos que su forma sea de tal modo que represente la situación de la persona que medita: "Hexágono, enséñame en esta forma que reflejas el modo de la integración de los dos mundos en mí." Algunos resultados de meditaciones pueden ilustrar lo que podemos reconocer.

1) La primera etapa: "Cuando nada tiende hacia arriba, el mundo me traga hasta que me hunde." "El movimiento hacia el cielo significa la sabiduría." "La fuerza crece mientras que tiende hacia arriba." "Cuando hay solamente materia, está la oscuridad, el sufrimiento y la violencia pura." "Llegar a ser un ser humano significa el enlace celeste, la dedicación a la libertad y a Dios."

2) La segunda etapa: "Aquí empieza a fluir lo terrestre." "Lo espiritual quiere realizarse en lo material." "Aquí se desarrolla la fuerza del corazón." "Es favorable dedicarse al mundo desde lo espiritual." "Todo lo exterior forma el mundo psíquico interior; también el espíritu forma el mundo." "Cuando no hay una relación entre los dos triángulos, floto en inconsistencia y sin raíces en cualquier lugar el universo."

3) La tercera etapa: El hexágono significa armonía, equilibrio y ecuanimidad." "En esta relación el ser humano está completo." "La energía cósmica fluye." "Se han encontrado lo humano y lo divino, y están unidos." "La ley cósmica se ha cumplido aquí; el alma puede desarrollarse en esta relación."

4) La cuarta etapa: "Los dos triángulos no están unidos; a veces se tocan. Yo mismo, estoy sentado en el triángulo con la punta hacia arriba, pero algunas fuerzas me tiran hacia abajo." "El hexágono

está deformado hasta su desfiguración total, se halla inclinado y aplastado." "El triángulo terrestre opina que puede dominar: No quiere un triángulo opuesto, y se halla metido en un pantano similar a la lava." "Una figura de ángel ridícula está sentada en el triángulo con la punta hacia abajo. El ángel baila en el universo y tiene miedo de ensuciarse sus pies si toque a la tierra."

Comentario: Los arquetipos (los símbolos del esoterismo) pueden servir de indicadores y de compás. Esta posibilidad de orientarse se halla dentro de cada uno. Los arquetipos facilitan la reflexión sobre los valores de la profundidad del alma. Son experiencias psíquicas profundas que se convierten en realidades psíquicas. Las realidades no reconocidas hasta ahora pueden esclarecerse en la meditación sobre los arquetipos. Los arquetipos son las llaves para ampliar la conciencia y la visión clara. En el ejercicio anterior se muestra cómo podemos utilizar los arquetipos como herramientas. Dan impulsos para incorporar las realidades espirituales, y, por la experiencia de su valor y su energía cósmica especial, facilitan la transformación y la liberación. Tratando los arquetipos del modo presentado, el hombre puede explorar el universo entero, y en esta visión renovarse a sí mismo. Los arquetipos también favorecen la comunidad, y usándolos en los rituales psico-energéticos (ver el libro: El misterio de la energía psíquica) se convierten en un sentido vivo que luego poseemos en nosotros. El hexágono tiene una larga historia en el esoterismo. El símbolo de la vida tiene una tradición muy antigua. La pirámide esconde desde milenios los misterios auténticos del ser humano.

El sufrimiento – según el modelo de Cristo en la cruz – no es la meta final del procedimiento de la individuación. Es un sufrimiento en el alma, significa: sufrir todas las "operaciones psíquicas" hasta que los mundos psico-espirituales y material-físicos estén unidos y centrados en el espíritu. Además, es un sufrimiento porque el hombre que está en la individuación se acerca más y más a la soledad psíquica hasta que encuentra a su "padre y creador". Romper las cadenas psíquicas en el inconsciente del colectivo es un procedimiento cósmico, y no se puede hacer por el yo. Pues este inconsciente colectivo de los hombres está gobernado por los complejos, y no por la inteligencia psíquica absoluta.

Encontramos los temas esenciales de la individuación en casi cada modelo de mitología y religión. La estructura básica es siempre la misma: Primero la reparación y el distanciarse del mundo exterior. El hombre debe dedicarse sin compromisos al microcosmos, a la vida psíquica. Aquí el hombre se cubre con el abrigo de la vocación. Luego sigue una fase larga de aventuras y exámenes, hasta que el "héroe" haya encontrado las fuentes de las fuerzas sobrenaturales. En la totalidad psíquica se relevan estas fuerzas. Y luego sigue el nuevo encuentro con el mundo exterior: la vuelta a los hombres.

En las mitologías y religiones el héroe es el hijo del rey y el hijo de Dios. Vive en la pulsación de la vida, conoce las realidades espirituales de los arquetipos y maneja la "fuerza del Sol" como elixir para la salvación. Él es la palabra viva que está escondida dentro de cada ser humano necesitado de ser salvado.

En las mitologías diversas se sitúa un problema en el contexto de la vuelta del salvador a los hombres: El que ha alcanzado la meta superior de la individuación ha encontrado su país. ¿Por qué tendría que volver al "valle de lágrimas" terrestre? ¿Por qué debe volver al caos y a los mundos de la ignorancia de los que él se escapó con esfuerzos penosos? ¿Por qué tiene que exponerse a la oscuridad, al ser inconsciente de los hombres, mientras que ya ha experimentado la eternidad como su país?

Muchas presentaciones mitológicas y religiosas facilitan reconocer que este procedimiento universal del desencadenamiento y del llegar al nuevo ser tiene que llevar a los hombres porque nunca hay un escape completo de la humanidad entera. Toda la humanidad vive en la ambivalencia entre la necesidad de salvación y el abandono del salvador. La individuación total es mucho más que un incidente privado, es más que la auto-realización. Es forzosamente social. Pero la comunidad tiene el poder y el derecho de la designación, nunca el que ha alcanzado la individuación. El "hombre nuevo" puede recuperar enteramente la relación entre el mundo consciente e inconsciente. En este sentido él es un mediador.

La esperanza llega a ser una experiencia psíquica viva y una fuerza, cuando el hombre se dedica a su vida psíquica. Ni la razón, ni la técnica caracterizan el hombre del futuro, sino el hombre en la individuación. En la elaboración sistemática de la realidad psíquica diaria pueden crecer la paz, la justicia y la calidad de vida. En la experiencia interior de la fuente de la vida y de la totalidad del ser humano crece la capacidad de amar, y esta va a ser sustentadora también en situaciones de vida difíciles. La esperanza en un mundo nuevo es legítima y realista: Lo que es la palabra y el pensamiento puede recibir forma viva en muchos hombres.

El proceso de la individuación consiste, como hemos visto, en fases de progreso y regreso. Muchas veces es necesario regresar a períodos anteriores de la vida. Durante mucho tiempo las fuerzas infantiles demandan su proceso de madurar. Pero el proceso produce cambios cuantitativos claros: siempre más madurez, totalidad, unificación, integración. A pesar de las repeticiones periódicas de ciertos temas de vida una transformación cualitativa amplia es realizable.

La totalidad no está cumplida, mientras que los polos contradictorios de la psique no estén diferenciados. No es suficiente, cuando la conciencia y el inconsciente están en una relación mutua viva. La individuación es más que la ampliación de la conciencia en el sentido de la psicología común. Se trata más que de tender hacia la salud, la autonomía y la autoexpresión para cumplir un rendimiento. La individuación es más que la capacidad de ponerse sus propios valores, y de vivirlos.

Ya, el adolescente puede construir sus actitudes y sus modelos de conducta en sus experiencias psíquicas. No es forzoso que la realidad interior no tenga importancia no antes de la mitad de la vida. La comprensión profunda de sí mismo y el conocimiento humano pueden practicarlos el joven. Las experiencias psíquicas pueden ser tan decisivas como en la edad avanzada. Lo espiritual no es una oposición al mundo real, tal y como lo enseñaron durante muchos siglos y lo entienden también hoy. No hay motivo para poner lo espiritual en relación con la edad (avanzada), para poder dedicarse anteriormente a los placeres terrestres. Lo espiritual es igual a lo psíquico y puede pronto penetrar totalmente en la vida de un hombre. Existe la equivocación que el hombre tiene y debe vivir excesivamente, para luego, cuando las fuerzas físicas se agotan, dedicarse a la vida psíquica y espiritual. Tal separación en dos partes nunca permite una vida abierta al crecimiento. Hay muchos ejemplos en la vida diaria que enseñan: La vida psico-espiritual separada recoge al hombre con violencia fatal. Ya el adolescente puede ejercer la retirada de la expansión y de la realización del mundo en períodos al alcance de la vista. Aquí puede fundar su construcción de la vida.

Los hombres en la economía como en la política pueden promover mucho el crecimiento psíquico y la calidad de vida, cuando sus decisiones y sus actividades se basan en el esfuerzo de la individuación de ellos mismos. También los funcionarios eclesiásticos promueven la vida del alma – y por esto también la experiencia de Dios –, cuando su compromiso y su vocación se basan en la elaboración psíquica propia con el inconsciente propio y ajeno. Pero donde la racionalidad, la tecnología y el compromiso social y eclesiástico están ajenos del arraigo psíquico (formado por la individuación), dominan la destructividad y el poder, la idolatría.

La centralización psíquica no se puede definir desde una teoría psicoanalítica. La integración pura de las funciones psíquicas (por ejemplo, la razón y los sentimientos) no basta para formar la centralización. Sin el sentido del símbolo del Grial y del símbolo de vida (o del hexágono) podemos definir y elaborar la individuación solamente en límites estrechos.

De las historias del Grial podemos sacar: *En el ser rey del Grial los problemas de la vida están definitivamente y principalmente resueltos.* Los sufrimientos, las dificultades y las condiciones tensas en la vida terrestre no se contradicen con esto. La transformación completa del ser humano es posible. No depende de las capacidades físicas de rendimiento. No depende del cociente intelectual. Tampoco está en una directa relación con la formación y de los conocimientos acumulados. El procedimiento es de pura naturaleza psíquica y esto lo recogemos solamente con los métodos psíquicos.

La vida nueva es la esperanza para el futuro. La individuación establece las medidas decisivas. En el círculo-cruz-Mándala están sustituidos 2000 años de cristianismo; en esto empieza una era nueva. En este símbolo (arquetipo) de vida se cumple la promesa y la palabra: "¡Volveré a vosotros!"

4. La elaboración de la individuación: Un abanico de sugerencias

Unos comentarios sobre los capítulos anteriores:

Miles de hombres no ven ningún sentido en su vida. Muchos sufren de desunión interna y de falta de "país psíquico". Innumerables no encuentran una estabilidad en las ideologías y dogmas. La mayoría de los matrimonios funcionan con poca abertura al crecimiento, desde el punto de vista de la psicología profunda. Mucho sufrimiento psíquico y físico está causado por la psique. La criminalidad es, en gran medida, una consecuencia del descuido del mundo psíquico. El rearme y las guerras existen porque tantos hombres no toman en serio su mundo psíquico interior y porque no tienen ninguna orientación psíquica. En la relación con la creación del medio ambiente cada uno refleja su trato con la vida psíquica.

Este capítulo procura una visión sobre el trabajo de la individuación en las tres etapas. Cogemos los problemas de la realidad psíquica diaria y ofrecemos unas ideas practicables para crear una vida abierta al crecimiento. El capítulo está dividido en cinco partes, y cada una empieza con un vistazo general a unas tesis cortas. Luego siguen las sugerencias y las instrucciones para el trabajo práctico. (Una discusión más profunda y teórica está en el libro "Desarrollar el destino propio".)

4.1. Las tesis fundamentales

➢ La individuación como la realización de la existencia humana es el tema esencial del ser humano.

➢ Cada uno puede elaborarse desde su interior la auto-realización centralizada en sí mismo.

➢ La renovación psíquica total hasta la meta final de la individuación es realizable; también cuando uno tiene cargas psíquicas enormes. Procede de la inteligencia psíquica absoluta no influenciable.

➢ Las fuerzas constructivas en el proceso de la transformación del alma se pueden desarrollar con metas claras.

➢ Este tipo de auto-realización desde el centro del hombre demanda perder todas las reservas frente a la vida psíquica.

➢ El encuentro consigo mismo hasta el ser humano nuevo integrado con un yo fuerte exige mucho trabajo penoso.

➢ Los esfuerzos llevan a sí mismo, a la propia identidad, a la auto-realización, a la vida "verdadera", al universo psíquico y a Dios.

4.2. Experimentar el pasado propio – Liberar las cadenas

El alma del hombre es similar a una vasija: Todo lo que uno

experimenta en su vida desde el momento de la procreación está almacenado ahí dentro. El curso de vida y la creación de la vida están creados extensamente por el contenido de esta vasija. Un día es solamente un fragmento pequeño en un curso complejo dinámico con unas raíces psíquicas profundas.

Ya las condiciones prenatales crean las estructuras básicas, forman las muestras de reacción y marcan la constitución psíquica en general. Todo lo que una persona vive, forma en el alma un complejo psico-energético con un tema específico. También en el útero el hombre tiene una conciencia de su yo, una capacidad de percibir psíquicamente y sensaciones, similar al niño y al adulto. Ya pronto en la edad infantil cada uno incorpora las experiencias, por ejemplo: La muerte, el sufrimiento, los golpes de destino, las actitudes, las concepciones del mundo, los modelos de solución, los modos de pensar. Todo lo interiorizado permanece vivo como energía psíquica e influye en la vida hasta la edad alta. Las primeras experiencias de la existencia llegan a ser las líneas directivas vivas y los temas de la vida que vuelven periódicamente.

Nuestro pasado puede sembrar discordia en el interior, y a veces es como un duende. No raramente el hombre está expuesto a su vida interior incorregible. Lo que uno ha experimentado quiere reproducirse, y quiere confirmarse siempre de nuevo: "¡Si, así es!"

Lo que está en el interior toma forma en el mundo exterior. Por eso: Las experiencias propias dirimen muchas veces encima de la espalda de otra persona. Entonces podemos decir: Toda la vida proviene desde el mundo psíquico interior; Lo interior es tan rico como lo exterior. El mundo exterior es una resonancia del mundo interior. Los hombres no reconocen estas conexiones porque sus fuerzas se oponen a la ampliación de la conciencia.

¿Existe el alma? ¿Es tan importante la psique? El hombre tiene sus dificultades con la época actual: La técnica penetra toda la vida; La masa impide la creatividad que promueve la individualidad; La polución del medio ambiente crea sentimientos de impotencia; los valores psíquicos no tienen mucha importancia; la política crea a veces repulsión en los hombres. El hombre se ha convertido en un factor económico:

- Falta de técnicas para dominar la vida y el mundo.
- No podemos salir de nuestra piel; nuestro pasado nos encadena psíquicamente.
- Existe mucho que los hombres no pueden reconocer porque nadie se lo enseñó.
- Muchos aprenden muy pronto a denegar sus debilidades y su desamparo.

- Donde gentío y "progreso" perpetuo valen como medida, no podemos pararnos y escuchar la voz interior.

- Muchos aprenden desde su infancia que la vida psíquica no vale nada en la vida.

- Muchísimos hombres nunca experimentan que podrían formar sus fuerzas psíquicas.

Pero cuando experimentamos conscientemente nuestro pasado, podemos descubrir mucho de lo que pensamos que está acabado:

- Los deseos insatisfechos pueden apremiarnos aún todavía durante mucho tiempo.

- Los conflictos no elaborados cargan el futuro.

- Las experiencias de sufrimiento encapsuladas, ficticiamente superadas, todavía duelen inconscientemente en el interior.

- El desamparo de la infancia nos molesta a veces hasta la vejez.

- La opinión de otros: "Tú no sabes hacerlo, y no puedes hacerlo" tiene como voz interior baja durante toda la vida un efecto sugestivo.

- Detrás de sentimientos de culpa se esconde a veces la voz interiorizada de una instancia moral que tuvo efecto duradero en la infancia.

- Vivir siempre más de lo que uno puede "digerir", es una adicción que con el curso del tiempo produce un almacenamiento psíquico con gran carga.

Muchos hombres llevan una carga que les aplasta y andan con cadenas psíquicas. Todavía no han tenido la experiencia que podrían elaborar la libertad interior. Disminuyendo esta carga interior, la vida dinámica crece. Nadando contra la corriente, el hombre llega a su fuente interior.

La elaboración sistemática con fines claros forma al hombre como ser creador del destino propio. Dónde había detención, empieza el movimiento. En vez de retroceso, se activa el desarrollo:

- La ocupación de sus problemas pendientes crea orden y produce una limpieza interior. Se llama "psico-catarsis".
- La transformación aumenta la flexibilidad, estimula la alegría de vivir y crea satisfacción.
- La descarga del material psíquico no elaborado favorece la concentración, la vigilancia y la atención – también en asuntos de dinero, en la preparación de contratos y en decisiones.
- La curación interior (por la reconciliación) de ofensas (heridas) del pasado libera energías para la vida nueva.

- Aprender a comprender los conflictos antiguos y clarificar las dificultades reprimidas, promueve la libertad interior.
- Reducir la culpa y la cólera, libera de angustia y coacción.
- Buscar la liberación de su pasado aún vivo, libera de otra gente.
- Perder la carga psíquica abre el acceso a su identidad propia y a su vocación de vida.

Cada uno puede hacer consigo solo mucho, y puede ganar lo valioso:

❖ Con la introspección meditativa podemos tener presente nuestro pasado entero, y de este modo podemos elaborar todo lo que parece enteramente olvidado. Es suficiente sentarse cómodamente, cerrar los ojos e imaginarse: Cada año de vida está en una habitación singular, y la puerta de esta habitación nos indica la cifra del año. Cuando abrimos una puerta, nos encontramos con imágenes oníricas aquellos hechos de este año que todavía tienen un efecto en la vida del presente:

"Ahora abro como en un sueño la puerta del tiempo prenatal. Oigo la voz de mi madre: No, no quiero este niño. – Se me hace un nudo en mi garganta. Detrás de la puerta de mi segundo año de vida veo a mi padre. Me enseña amenazando su dedo índice: Tampoco tú podrás hacer rancho aparte. Detrás de la tercera puerta me encuentro en el aula de clase. Estoy sentado en la última fila de sillas y siento como si la mirada del profesor me penetrara. Ahora echo un vistazo corto en la habitación de mi año veinticinco. Estoy solo en un apartamento pequeño. Todo parece solitario y desconsolado. Una candela reemplaza el árbol de Navidad; con una novela reprimo mi soledad."

❖ El recuerdo sistemático de un lugar determinado, de una persona o de un acontecimiento revive en la imaginación con todo su entorno temporal. En el diálogo interno se procede a la reconciliación y la descarga.

❖ Podemos desarrollar un hilo conductor de los problemas apuntando espontáneamente los problemas del pasado. Podemos elaborar el pasado cuando nos retíranos de vez en cuando una hora, con papel y un bolígrafo, y cuando anotamos las palabras claves que surgen espontáneamente con unas preguntas: ¿Cómo reacciono frente a mis jefes? ¿Cómo me siento haciendo las compras? ¿Por qué me castigaron en mi vida? ¿Cuáles han sido mis ideales y modelos desde mi juventud? ¿Cómo me trataron los adultos en mi juventud?

❖ Los recuerdos a la educación revelan las fuerzas del destino. Unas palabras claves nos ayudan a estructurar una visión general:

Lucha de poder, afectos, obligaciones, castigos, necesidades, discusiones, control, y valoración de los rendimientos.

❖ Los enseres domésticos representan el pasado vivo: Los regalos enlazan, las chucherías estimulan el anhelo, los vestidos activan experiencias anteriores, los muebles y la batería de cocina pueden agobiar (depende de donde vengan) o fuerzan directamente a vivir un estilo de vida. Cada uno puede quedarse con estos recuerdos, buscar, preguntar, sentir y despedir.

❖ Las fotos antiguas pueden traer muchas cosas a la conciencia. Podemos reconocer y disolver las fuerzas psíquicas escondidas, pero aún vivas, en el diálogo con estas imágenes. Con toda la tranquilidad, por fin, podemos decir lo que teníamos que tragar callando. Aquí podemos sentir otra vez la infancia sin que nos amenace al mismo tiempo el exterior.

❖ ¿Por qué no describimos una vez nuestro curso de vida, y luego preguntamos lo que no hemos apuntado? Con este trabajo cada uno puede disolver exigencias, odio, tristeza y mucho más, mientras que lo comprende y lo acepta.

La soledad es a menudo un tema de destino. En tal situación la mayoría se hace falsas ideas sobre la convivencia de pareja. Opinan que la vida es más fácil para dos. Muchos tienen dificultades para estar solos consigo mismos; no porque no tengan amigos y compañeros, sino porque el mundo psíquico interior corroe. Muchos sufren por su anhelo de tener pareja (partenaire de vida). Pero de verdad sufren por las privaciones no elaboradas de su infancia. En el presente, el pasado vivo impide vivir desde su medio interior. Las consecuencias son en su mayoría: la falta de una orientación espiritual, un aislamiento interior y la falta de sentido. Todo esto produce una soledad aún más insoportable.

Pero estar solo puede ofrecer unas de las más grandes oportunidades para elaborar la renovación psíquica total hasta ser una personalidad integrada y fuerte. La soledad se convierte en un enriquecimiento mientras uno elabora su pasado. Es la oportunidad también de descubrir la riqueza del alma, hasta ahora nunca presentida. Ahora surgen las fuerzas que "construyen" la vida. Sin la propia experiencia, a menudo dolorosa, de la soledad no se efectúa la transformación; y no se puede ni experimentar, ni formar las profundidades del alma. Este desafío puede ser total. Pero no obstante la vida recibe su enriquecimiento y su sentido: Pues, ¿Dónde encontramos los misterios de la vida, sino en el alma propia?

Los fundamentos sustentadores nuevos se forman mirando hacia atrás. Esta mirada retrospectiva nos posibilita encontrar el sentido de la vida.

4.3. Descubrir la vida psíquica – Manejar la superación de la vida real

Son fuerzas misteriosas y ricas que activan el ser inconsciente interior del ser humano. La realidad interior tiene una cara diferente de la cara que uno percibe en su mundo exterior. En su mayoría los hombres hacen gala de su mundo interior diferente de lo que es en realidad. Sabemos: el amigo, el compañero o el enemigo pueden ser una parte desconocida de la personalidad propia. Muchos acontecimientos en la vida son una resonancia de la vida psíquica. En la experiencia emocional de las imágenes reflejadas y en la experiencia del mundo psíquico propio empieza el curso de vida auténticamente creado. Con el encuentro de sí mismo también crece la superación constructiva y total de todos los hechos del mundo exterior.

Casi todos los hombres tratan la verdad del mundo psíquico como el diablo: Lo evitan, lo maldicen, lo ridiculizan, lo niegan y lo abandonan. La charla psicológica, como está de moda hoy en día, no cambia nada de esto.

De verdad, resultaría mucho más fácil: Comprender e integrar el mundo psíquico propio, y el de los demás, reducir el poder de los "demonios" psíquicos.

Es habitual denegar las propias sombras con una gran firmeza. Con una intensidad impresionante uno puede, sin darse cuenta y sin quererlo, criticar en los demás algo que de verdad concierne como algo propio. El hombre tiene en sí mismo a "Caín y Abel" como dos sombras propias. Ninguno de ellos puede conseguir la totalidad psíquica sin el otro. Cuando uno abandona en sí a Caín, nunca puede formar su totalidad psíquica y el ser humano nuevo, centrado en el interior.

No podemos crear el mundo a largo plazo sin daño para el hombre y la tierra, casi aparte del autoconocimiento. El autoconocimiento no es simplemente una meta, sino una forma de vivir: Una vida con una conciencia nueva, con la experiencia y la integración del mundo psíquico entero. A través del autoconocimiento cada uno aprende a reconocer las señales en los sentimientos y en las reacciones físicas que quieren enseñar lo que uno no ve, y cuanto uno vive alienado de sí mismo. No es fácil encontrar su identidad propia. La honradez sin compromiso hacia sí mismo es un desafío. El crecimiento abierto a la vida nunca ocurre por sí solo. Llegar a ser uno mismo implica, con el tiempo, un modo de vivir en dónde estén reconciliadas las oposiciones y las contradicciones. Así, desde el interior, cada uno vive más y más su vida auténtica.

En la profundidad del alma se forma la vida. Ahí encontramos las fuerzas decisivas que crean la vida. Pero ahí mucho vive en oposición, y podríamos armonizarlo. Detrás de la lógica y la racionalidad a veces operan fuerzas psíquicas caóticas. La plenitud de las apariencias diarias produce en su mayoría un efecto en el cuerpo y en la psique más intenso de lo que uno quiere creer.

La represión del mundo psíquico propio provoca que el entorno imponga esto reprimido en algunas figuras desfiguradas; la prostitución, la criminalidad, el alcoholismo, las drogas, el descuido, etc.

La elección del otro miembro de pareja se basa en las imágenes interiores del sexo opuesto. La femineidad suprimida en el mundo exterior corresponde a la femineidad suprimida en el alma del varón. Y la masculinidad que la mujer no integra se demuestra en el mundo exterior, lógicamente también deformada. Lo que un miembro de la pareja suprime o deja sin desarrollar, recibe su expresión en lo que vive su partenaire. Muchas veces el partenaire es un representante de una parte psíquica propia. Raramente uno tiene, puramente por casualidad, cualquier compañeros o amigos.

Reflejan un tema de sentido propio; enseñan un aspecto del carácter propio; son amigos de una persona porque ella se identifica con ellos en un asunto. Son las creencias y las exigencias comunes, y todas las expectaciones compartidas, que aún en una amistad encadenan de modo que el crecimiento de la individualidad está impedido.

En las relaciones de pareja los reproches mutuos son en su mayoría desequilibrados; y raramente son correctos: "Sufro porque tú..."; "Si tú no tuvieras estos problemas, tendríamos paz..."; "Tú me rechazas y no me respaldas..."; "Tú eres despótico y me suprimes..."; "No puedo vivir más contigo, porque tú buscas solamente una sustituta de tu madre..."; "Si tú fueras un poco más maduro, podríamos convivir hermosamente..."; "No puedo, porque tú no lo quieres..."; "Tú eres infantil y perezoso y no te esfuerzas nada..."; "Si no me hubiera casado, hoy sería feliz..."; "Márchate entonces, no te necesito...".

Existen relaciones difíciles y confusas que solamente se pueden arreglar con la separación. Pero en su mayoría uno abandona al otro, pero piensa abandonar a su padre o a su madre. Es importante: Uno de la pareja es siempre una parte del otro. Por lo tanto, con estos reproches uno se "condena" a sí mismo. El otro busca fuera de la relación lo que dentro no puede y no debe crecer.

También muchas veces el otro está comparado con ideales. Los valores superiores y las ideas nobles producen mucha distancia en el partenaire – también en la vida auténtica y humana.

Los conflictos en una relación son siempre conflictos consigo mismo. Lo "malo" en el otro es casi siempre también lo malo secreto y propio que está reprimido en la conciencia propia, generalmente con gran esfuerzo.

En el encontrarse a sí mismo está la esperanza: Con la dedicación al mundo interior, sin penas podemos descubrir que uno mismo tiene inconscientemente la fuerza activa en el exterior. Esta experiencia de la creación y del modo de efectuar este mundo psíquico facilita muchas posibilidades de transformación:

❖ La convivencia entre los hombres es posible con la comprensión de la profundidad psíquica.

❖ La reconciliación y el equilibrio de las oposiciones interiores son alcanzables.

❖ La soberbia, la obstinación, la arrogancia y el afán de poder puede reducirse.

❖ El sentimiento de "hogar y abrigo", la fidelidad, el calor de corazón y la bondad puede conseguirlos cada uno.

❖ Siempre es posible desarrollar: La confianza, la cooperación, la autoestima, la apertura y mucho más.

❖ Cuando la vida nueva empieza en el interior, creamos un mundo exterior propio que tiene mucho sentido de vida y enriquece.

Casi no podemos realizar la nueva vida sin claridad o vigilancia sobre la vida psíquica inconsciente en sí mismo y en los otros. El camino hacia sí mismo enriquece la vida decisivamente:

❖ Vivimos más integrados, en vez de ser dominantes por un lado y serviles por otro lado. En vez de jugar a ser el niño bravo y amable, por un lado, y por otro lado ser el ejecutor de la justicia.

❖ Podemos soportar y elaborar más fácilmente las frustraciones y los fastidios. La capacidad de digerir aumenta. Podemos recuperar el equilibrio más rápidamente.

❖ La autoestima aumenta. La fuerza del yo se arraiga más profundamente en el interior. Descubrimos los valores que promueven la vida.

❖ El manejo de las propias fuerzas psíquicas misteriosas es posible. Desde ahí recibimos nuevos estímulos para la vida.

❖ La vida psíquica recibe su orden. También el pensar llega a ser más claro y libre, sobre todo más creativo.

❖ La imagen de sí mismo se amplía, y la percepción de los demás resultará más realista.

❖ El otro no más está para que uno se respalde en él, se fije en él o se oriente en él.

❖ Más y más vivimos la vida propia, en vez de vivir la vida de los otros. La propia forma de vivir y el dominio entero del mundo se produce desde el interior y en cuanto es una autoexpresión.

Reconocerse a sí mismo es un modo psíquico de vivir exigente, y es mucho más que una técnica entrenada con mucho conocimiento psicológico. Algunas sugerencias pueden ayudar a mirar al mundo como es en realidad:

❖ Hablar lentamente y escuchar con atención facilita la experiencia exacta de la realidad.

❖ Lo que no tiene importancia y es irrelevante, puede enseñarnos lo que, por costumbre, la gente no ve.

❖ A veces se siente la existencia solamente cuando uno se queda parado un momento.

❖ La flexibilidad y la disposición de aprender, demostradas al entorno, no tiene necesariamente algo que ver con la disposición interna; en su mayoría no tiene nada que ver.

❖ Es una ficción cuando uno opina que los otros podrían descargarle a él la clarificación y la renovación de la vida psíquica molesta.

❖ A veces es favorable examinar si el lugar XY es apropiado para abrirse y hacerse transparente.

Con las siguientes preguntas podemos dar la importancia debida a los temas básicas de la vida. El orden y la orientación se forman preguntando, echando la vista atrás, y para tener presente el modo de vivir propio, incluidos los motivos psíquicos esenciales. Aquí empieza también la planificación del futuro. La lista para el análisis de la vida es larga; aquí una selección:

- ¿Cómo me trataron mis padres en mi infancia?
- ¿Cómo experimenté mi etapa escolar?
- ¿Qué imágenes de los profesores y de Dios incorporé?
- ¿Cómo viví mi pubertad?
- ¿Cómo manejo mi sexualidad?
- ¿Qué dice mi cuerpo?
- ¿Quiénes son mis amigos y compañeros?
- ¿Qué importancia tiene para mí el dinero? ¿Cómo lo utilizo?
- ¿Cómo reacciono ante conflictos y dificultades?
- ¿Cuáles son los espacios de mi vida? ¿A dónde voy regularmente?
- ¿Qué importancia doy a mis sentimientos?
- ¿Qué principios rígidos tengo yo?
- ¿Cómo experimento mis ideales de padre y de madre?

- ¿Qué he perdido en mi vida según mi opinión?
- ¿Cuáles son mis ideales?
- ¿Qué castigos he experimentado en mi vida? ¿Cómo castigo a los otros?
- ¿Contra qué lucho en los otros?
- ¿De qué modo soy crítico frente a mí mismo?
- ¿Qué importancia tiene mi trabajo profesional para mí?
- ¿Cuántas creencias he experimentado psíquicamente en mí?
- ¿Cómo me expreso cuando estoy enfadado?
- ¿Qué pienso sobre estas preguntas de mí mismo?

A través de estas preguntas se forman con el tiempo las líneas directivas. El curso de vida se demuestra del todo construido sistemáticamente, y podemos determinar solamente pocos incidentes como "casuales". Buscando las respuestas, descubrimos las fuerzas que "construyen" el destino.

La imaginación es simple, directa y a veces directamente concreta. Con los ojos cerrados nos imaginamos un espejo, y luego intentamos vernos en este espejo: "¡Espejo, enséñame quién soy yo además!" A veces muestra muecas, diablos pequeños, jabalíes, sombras sin cara, gigantes y cabezudos, brujas, niños llorando y globos hinchados. Nada habla tan sinceramente como las imágenes del alma.

También podemos explorar los problemas sexuales con meditaciones. Muchos podrán reconocer con un ejercicio meditativo que no le faltan habilidades técnicas, y tampoco actitudes emancipadoras. A veces se muestra con una angustia como el compañero sexual se marcha (luego). No es raro que uno tenga un bloqueo porque no puede integrar los parientes próximos del partenaire. Muchos tienen miedo del estrechamiento y de la aflicción. Otros reaccionan al inconsciente del partenaire sexual, sin presentir que de verdad detrás de la máscara también viven otras cosas. La atmósfera en el dormitorio de los padres puede pronto en la infancia producir un efecto determinado en la vida futura.

Las reflexiones sobre sí mismo siempre nos llevan atrás a la infancia. Las fuerzas de vida están establecidas preponderantemente en el interior y empiezan temprano a formarse.

Una persona que es ofendida en su infancia, ofenderá posteriormente como adulto. Así como los adultos tratan a sus niños, tratan a su propio niño interior. Así como los padres elogiaron y reprendieron, luego sus niños elogiarán y reprenderán. Nadie puede huir de representar al inicio lo que vivían los padres. Muchos tienen la experiencia que en su infancia sus padres no les preguntaron sobre sus interrogantes y preocupaciones. También esto se mantiene vivo en el alma. La mayoría tuvo – como niños – que experimentar muy claramente el poder de los padres. Pero cuando luego estos niños son adultos, son también atrapados por el afán de poder. Muchos nunca fueron escuchados con sinceridad y empatía. ¿A quién le sorprende, cuando posteriormente ellos tienen que hacerse oír con mucho ruido? Cuando uno empieza a ordenar su caos interior y a buscar su medio interno, tendrá que perder algunas actitudes y creencias. Lo que antes tenía su probablemente la legitimación, quizá mañana producirá más problemas que soluciones. Cuando contemplamos sistemáticamente las condiciones del presente, podemos reconocer para nuestra vida, qué valores favorecen el crecimiento. El dominio del mundo en la vida regular, en el futuro, no podremos manejarlo constructivamente sin el descubrimiento de la vida psíquica interior.

4.4. Reducir el sufrimiento – Aumentar la alegría de vivir

Hace tiempo que sabemos que mucho sufrimiento tiene causas psíquicas. Lo psíquico afecta a menudo al cuerpo e influye en el bienestar psíquico. En muchos casos el dolor y la infelicidad son evitables: dedicándose esencialmente a la vida psíquica.

La mayoría de la gente quiere mantener su salud y vivir su

existencia de manera alegre y divertida hasta la edad avanzada. Muchos piensan: "¡A mí no me tocará nunca la mala suerte!" Pero casi cada uno está dirigido despiadadamente, durante su curso de vida, por las fuerzas del destino, a veces de golpe y porrazo: Depresiones, angustias, insomnio, trastornos psíquicos y adiciones de todo tipo, cáncer, enfermedades reumáticas, migrañas, enfermedades psicosomáticas, accidentes (en la carretera, en el puesto de trabajo, en el ocio, en la casa), y separaciones, divorcios y suicidio (intento de suicidio). También la criminalidad se extiende donde la gente reprime su vida psíquica.

Hay muchas formas de adicción; casi desconocida es la "adicción de vivir": afán de actividad, de reconocimiento, de trabajo, de disciplina, de moralizar, de poder, de imponerse, y de producirse un placer superficial. Aquí operan las mismas fuerzas psíquicas como en las adicciones conocidas (alcohol, tabaco, dulces, comer, drogas, medicamentos). La exageración es una característica de la adicción; una segunda característica es la privación psíquica (el déficit) de amor, de desarrollo, de individualidad, de comprensión, de protección, etc. También el pasado no elaborado produce adicción. Muchos hombres buscan en lo exterior lo que de verdad solo se encuentra en el interior: una fuente de vida que alimenta, que protege, que guía y que da orientación. El sufrimiento, causado por la adicción es en su mayoría grande. Ciertamente muchos podrían liberarse, si tomaran el esfuerzo del autoconocimiento y de las transformaciones de sí mismos.

Ya en los síntomas simples cada uno puede descubrir su vida: las palpitaciones, una tensión inexplicable, una desgana incomprensible, un aburrimiento, tics nerviosos, una presión en el pecho, un ofuscamiento paulatino, etc. El cuerpo y su bienestar es a veces similar a un cuadro de instrumentos (por ejemplo, del coche). Afortunadamente el hombre da más importancia a su coche que a su cuerpo.

Buscando las raíces de los golpes de destino, cada uno descubre también las conexiones dinámicas que podemos formar:

- La falta de autenticidad paraliza.
- La falta de transparencia del pensar y del sentir produce un humor básico desconfiado.
- La supresión de la autonomía y de la individualidad produce en uno impulsos sádicos, en otro una autodestrucción por su servilismo.
- La falta de amor acorta también la disposición de aprender y la flexibilidad.
- A veces hay que decidirse entre el dinero fácil y el amor cálido (abrigo).

- La preocupación y la tristeza se minimizan, cuando uno promueve la individualidad también en su ser psíquico.

- Los sufrimientos y las amenazas del destino se pueden superar y dominar más fácilmente, cuando uno reconoce que su plano de vida demanda aquí su crecimiento psíquico.

- Los unos están sanos; pero por eso los otros sufren, también la naturaleza, y luego sufren los hijos de nuestros hijos quizá inmensamente.

- Cuando nos dedicamos sin compromiso y siempre más y más a la vida psíquica, la capacidad de amar puede acrecentarse.

A veces es un desafío doloroso, buscar las fuerzas que influyen en la vida propia; Necesitamos mucho coraje, penetrar en las profundidades psíquicas, llenas de sentimientos. Cada uno puede buscar aquí la vida para sí mismo – es su vida finalmente.

Muchas veces encontramos el acceso a las raíces de un problema de vida sólo a través de una búsqueda minuciosa. A menudo tenemos que revivir emocionalmente – en las meditaciones – varias veces las experiencias. En los detalles encontramos las fuerzas del destino. Aquí empieza el asombrarse, mientras reconocemos cómo la psique desconocida penetra en casi todo.

A veces es un provechoso ocuparse cada día durante unos minutos de nuestros pensamientos e ideas. Sin preocupaciones y con asociaciones libres podemos anotar nuestra vivencia meditativa. Después de unos meses podemos encontrar en estas notas nuestra imagen. Con el curso del tiempo se cristalizan las líneas directivas. Así aprendemos a comprender las fuentes y las fuerzas de muchos incidentes casuales. La experiencia introspectiva del dolor y de la tristeza transforma las fuerzas psíquicas y promueve el desarrollo. Es normal que con esto tengamos que renovar nuestro pensar.

Es fácil preguntar hacia el interior propio: "¿Por qué estoy enfermo? ¿Cuáles son las causas de este conflicto? ¿Por qué sufro?" Con los ojos cerrados vemos las imágenes interiores que nos dan las respuestas y abren las perspectivas de un nuevo conocimiento. Este mundo onírico es la lengua del alma. Nos abre la mirada en el "universo interno", y nos lleva a las fuentes de la vida. Muchos no empiezan antes de un sufrimiento, de una enfermedad y de un golpe de destino a preguntarse a sí mismos.

Muchos hombres alcanzan su edad avanzada relativamente sanos, pero su corazón se convirtió en una piedra, sus ojos no ven más: su vida interior está muerta. Incluso en la edad joven y mediana la vida psíquica puede estar muerta. Despertar ahí la nueva vida, es un procedimiento normal en la individuación. Nunca es demasiado tarde para abordar este trabajo: También en el asilo de ancianos pueden pasar su tiempo con creatividad.

La salud facilita a muchos su trabajo y alegría de vivir. A menudo comprendemos esto como parte de una imagen de la vida positiva. Pero existen valores psíquicos que están fuera de un cuerpo que funciona bien. Básicamente es la experiencia psíquica de la vida interior propia y del mundo psíquico inconsciente en general.

4.5. Buscar la orientación en la existencia – Encontrar la estabilidad interior

Muchos hombres no viven realmente su vida. Viven muestras aprendidas. Ideas e ilusiones de todo tipo determinan esencialmente su vida. Cada día influyen cosas exteriores en el hombre. Dirigen su pensar, su sentir y su actuar.

Además, muchas fuerzas psíquicas interiores dirigen al hombre, sin que las veamos por fuera. No existe casi nada en este mundo que no haya servido de línea directiva y de conductor de vida. Miles de "verdades" alrededor del globo se hallan una al lado de otra, en contradicción e incompatibles. En su mayoría el pensar está poco orientado en las realidades psíquicas. En casi todos los lados falta un pensar autónomo, arraigado en el interior.

Muchos tienen la tendencia de entrelazarse consigo mismos, con los otros y con lo que aprendieron. Las persuasiones, interiorizadas en la casa de los padres y en la escuela, mantienen toda la vida como líneas directivas. Las ideas de valor y los ideales pueden cubrir lo no desarrollado más que promover su desarrollo. Los dogmas producen dependencias. Detrás de un saber objetivo se esconden a veces ideas rígidas. Las enseñanzas pueden contener esquemas de un pensar rígido, y bloquear la creatividad espiritual. Las teorías pueden alejar al hombre de sí mismo. Las ideas propias sobre una vida justa tienen a veces un efecto que deforma la realidad.

Ya en las cosas pequeñas los hombres se encadenan uno al otro mutuamente con intimidaciones sutiles y con elogios escondidos. Ocurre que uno mezcla a otro en sus creencias políticas o religiosas, sin darse cuenta que las tendencias de la individualidad de cada uno tienden desde la profundidad del alma a ir por caminos psíquicos con propias experiencias. El poder psíquico de fachadas simbólicas puede esconder mundos psíquicos caóticos. La dinámica de la proyección del inconsciente tiende permanentemente en la vida diaria de dirimir un conflicto pendiente en otras personas. Unos se dirigen mutuamente mientras que simulan: Dicen que son felices, mientras sus ojos muestran un sufrimiento profundo. Otros declaran estar contentos, aunque procuran una compensación para el sufrimiento vivido con el dinero y una vida divertida. Es habitual la opinión que se puede simplemente olvidar los conflictos y las preocupaciones sensibles y ponerlos de lado. El hombre está sobrecargado y no reconoce que con la represión aún se bloquea más.

Muchos hombres anhelan la felicidad de la vida y estimulan este anhelo mientras que participan cada semana en la lotería. Se esbozan su futuro con la gran ganancia imaginativa, y no ven que al mismo tiempo están perdiendo su vida propia. Innumerables hombres no viven su vida personal, mientras que pasan su tiempo delante la tele. Viven la vida del héroe de la película, del policía, de la novela, o la vida del aventurero audaz, el que hace todo lo que uno nunca osaría hacer. Los modos de vivir superficial y del pensar confuso produce problemas de orientación. Al mismo tiempo niegan lo minusválido, lo desamparado y lo deformado; y con esto evitan sentir su vida psíquica. La mayoría de la gente no puede ser de otra forma porque experimentaron en su infancia cómo los adultos tratan su vida psíquica. Teniendo presente nuestra infancia y etapa escolar, vemos que casi nadie preguntó sobre los efectos en la vida psíquica.

Simbólicamente podemos ver en muchos acontecimientos como hay que vivir con el mayor éxito: Cuando uno cumple rendimientos superiores, recibe elogios y afecto – pero con la misma rapidez será olvidado. Cuando uno se despoja, por ejemplo, con un estilo de vivir excéntrico, recibe atención. Muchas veces los hombres admiran a otros no porque tengan un mármol maravilloso, sino porque ellos mismos quieren también este mármol. El oro y las piedras preciosas estimulan el anhelo interior que (afortunadamente) podemos saciar con un trabajo psíquico laborioso. Unos bucean en el mar: Quizá buscan inconscientemente la piedra preciosa del alma donde de verdad no la encontramos.

Podemos desarrollar la estabilidad, mientras definamos cualquiera ideología o dogma, o filosofía de vida, como el eje del globo, y digamos a todos: "A vosotros os falta la experiencia; será la vida que os enseñaré la verdad; cuando creáis, lo que creemos nosotros, os sentiréis mejor." – Por otro lado, podemos construir la estabilidad mientras nos fundamos en la experiencia psíquica, mientras integramos nuestras debilidades. Formamos la firmeza, escuchando atentamente hacia nuestro interior con paciencia y críticamente. En la prisa diaria está práctica es impedida, y bajo la actividad escuchamos sobre todo las voces engañosas. Sabemos: detrás de una modestia y una humildad exagerada se esconden muchas veces las fuerzas psíquicas sádicas y totalitarias, creando mucho sufrimiento.

Preguntamos con la introspección: "¿En qué encuentro mi

estabilidad?", y las imágenes meditativas nos enseñan realidades desconocidas. Existen muchas posibilidades de encontrar una estabilidad en la vida: en libros, en los ojos de otros, en el reloj, en elogios, en habladurías hinchadas, en la rigidez, en las opiniones de otros, etc. – pero también: en la experiencia psíquica, en la relación entre el cielo y la tierra, en los sueños, en el símbolo de vida, etc.

En el apretón de manos frío y seco reconocemos la falta de estabilidad psíquica. En el hablar alto (o bajo) con amenazas se refleja a veces la angustia de los demás y del mundo. En la locuacidad y en la retórica se esconden no raramente la falta de orientación de vida psíquica y a menudo una agresividad.

Algunos hombres están preocupados por sus actividades del ocio ("hobbies") y con un trabajo exagerado para huir de su partenaire de pareja y de su vida psíquica. Una auto-realización exterior (por ejemplo, expresada por las actividades en el ocio) puede cubrir la falta de la totalidad psíquica. Las ideas, como por ejemplo el "vivir sin preocupaciones y sin dolor" favorece un concepto de vida selectivo y las actitudes sobre la vida unilaterales. A veces la gente exagera o generaliza porque no quiere ver la realidad tal como es. La vida humana verdadera hunde en la plenitud de las impresiones vividas y experimentadas.

Cuando la orientación de vida no está arraigada en sí mismo, tampoco puede dirigirse al mundo psíquico de los otros. Así los encuentros entre los hombres resultan una mentira de vida. Así uno tortura al otro y a sí mismo, y domina al otro hasta la coacción: Lo que uno rechaza de sí mismo, lo crítica y deniega del mismo modo en los otros.

4.6. Integrar todo lo rechazado – Desplegar la vida

La vida vivida deformada y rechazada se convierte en una fuerza destructiva. El bloqueo del crecimiento inicial y creativo produce enfermedades, sufrimiento y sobre todo muestras de vivir agresivos. Cuanto más realizamos un modo de vivir múltiple y equilibrado, tanto más podemos desarrollar nuestra vida. Y también: Cuanto más integramos lo que hemos suprimido y denegado, tanta más auténtica es nuestra autoexpresión.

La insatisfacción nos hace caprichosos y agresivos. Por el miedo al rechazo o al castigo uno se humilla más rápidamente de lo que se da cuenta. La falta de amor bloquea en todos los lados la alegría. La supresión de las debilidades y el rechazo del desamparo propio favorece los estados de humor desconfiados. Los conflictos reprimidos y las dificultades psíquicas no resueltas producen una energía psíquica destructiva. Uno la siente en sus trastornos psicosomáticos; otro puede descargarla por agitación y proyección.

Cuando reprimimos el dolor, la tristeza y el desamparo, producimos en general odio, violencia y adicción. Una conducta rígida, una crispación y ofensas sutiles por comentarios ficticiamente sin importancia, son expresiones sencillas de las fuerzas psíquicas no desarrolladas o heridas. Un clima cargado entre los hombres resulta de las fuerzas psíquicas destructivas, y desconocidas porque surgen del inconsciente.

Mientras que uno se fija en otros, se alimenta de los otros y "utiliza" a los demás, bloquea su crecimiento psíquico interior. Lo destructivo en el alma siempre tiene la tendencia de operar del mismo modo en el exterior, y de procurarse la legitimación para este estilo de vivir. Nunca podemos suprimir las fuerzas psíquicas sin que con esto alimentemos las sobras destructivas. La dinámica, que disgrega, aumenta en la medida que impedimos a la vida crecer en su totalidad (crecimiento holístico).

En el curso del trabajo consigo mismo la inteligencia psíquica absoluta demanda más y más abrirse sin compromisos a la vida. La honradez favorece este proceso. *El desafío esencial es la dedicación a sus fuerzas psíquicas oscuras.* Pues en el ser inconsciente el hombre proyecta a los demás casi todas sus fuerzas no desarrolladas y cargadas. Muchas vidas humanas nos enseñan la vida rechazada y denegada: Los alcohólicos, los adictos, los criminales, las prostitutas, pero también los uniformados y los que están quebrados por la vida.

En tales formas de existencia se demuestra el drama de la infancia, que siempre de nuevo se reproduce. El trasfondo psíquico refleja la experiencia en origen de la relación maternal y paternal, y todas las privaciones psíquicas y las heridas psíquicas de la infancia. Una curación insuficiente de todo esto y las fuerzas recortadas rigurosamente producen un ciclo perpetuo de los defectos psíquicos de la época anterior.

En cuanto conocemos el propio mundo psíquico misterioso, podemos elaborar la libertad psíquica, el despliegue de la vida y con esto el deslinde interior. Cuanto más conocemos nuestros aspectos reprimidos de la personalidad, y cuanto más percibimos lo que deniegan los otros en ellos mismos, tanto más total (entero, integrado) es el pensar y tanto más rico es el desarrollo de la vida.

Ya he dicho que el crecimiento psíquico y la auto-realización que integra la vida no exigen la ascética, tampoco la disciplina rígida y prusiana. La mortificación de sí mismo y la penitencia que humilla a sí mismo no favorecen el llegar a ser sí mismo. El proceso del despliegue de la vida nueva ocurre sin referencia al "trono regio". Aquí nadie abandona, ni condena, ni reprime. En este proceso nadie da órdenes, y tampoco hay desquite. Nadie ridiculiza las expresiones psíquicas con poco valor. Cada uno está aquí más libre que en cualquier otro lugar.

La vida nueva crece paulatinamente y solamente con pasos pequeños. Debemos escuchar hacia nuestro interior, y aprender más y más a distinguir entre la voz del alma y las palabras del inventario psíquico acumulado. La ética del llegar a ser sí mismo promueve el crecimiento de lo deformado y de lo desamparado (que no tiene ningún poder). Asimilamos lo distinto y ampliamos la conciencia sobre las realidades psíquicas. Casi al lado y simultáneamente mejoramos nuestro pensar y la capacidad de rendir.

Las máximas de la expresión de la vida creciendo son, para resumir:

♦ Los problemas y las crisis son normales; forman parte de la vida.

♦ También forma parte de la vida que el camino del destino pueda desafiar al hombre fuertemente por sufrimientos y condiciones de vida penosas; a veces produce resignación.

♦ En la experiencia consciente de enfermedades y accidentes podemos descubrir la vida; así crece la experiencia de vida.

◆ Las fuerzas psíquicas crecen por fracasos y por errores; Cuando aceptamos nuestra incapacidad, valorada como minusválida, empieza a adelantar el desarrollo.

◆ La afirmación de los valores psíquicos y de las calidades psíquicas (frente a los bienes, la racionalidad y el poder) hace progresar al hombre.

◆ Por la retirada y el deslinde somos capaces, cuando vivimos en la individuación, escuchamos las voces auténticas, y podemos distinguir más y más entre la realidad psíquica y las fachadas físicas o verbales.

◆ Cuantos más hombres realizan su desunión interior y encuentran su totalidad integradora, tanto más podemos realizar una convivencia constructiva y con paz.

◆ El trabajo con las fuerzas psíquicas inconscientes demanda un esfuerzo diario, interés activo para la comprensión profunda, y a veces una aceptación del sufrimiento con mucha paciencia. Así descubrimos la vida. De este modo facilitamos el despliegue.

En el llegar a ser sí mismo se halla la esperanza del futuro: Cuantos más hombres buscan en sí el conocimiento y la transformación, tanto más disminuye el sufrimiento individual y colectivo. El hombre que vive la individuación carga menos el medio ambiente, favorece la paz social – entre otras cosas también porque necesita mucho tiempo para sí mismo. Muchos hombres esperan la paz mundial. Innumerables hombres quieren vivir con su desamparo y sus debilidades sin angustia y sin castigo. Ahora tenemos las herramientas. Con esto podemos construir enteramente lo que anhelan miles de personas: El sentido de vida, la libertad del alma y la paz en el mundo.

Dr. Eduard Schellhammer

TEORIA MODERNA
Conceptos de Interpretación de los Sueños

ISBN-13: 978-1537632117
ISBN-10: 1537632116

Dr. Eduard Schellhammer

El Misterio de la Energia Psiquica

La meditación psico-energética

ISBN-13: 978-1542336888

ISBN-10: 1542336880

DESAROLLAR EL DESTINO PROPIO

Encuentra tu destino en tu interior

Dr. Eduard Schellhammer

ISBN-13: **978-1540315441**
ISBN-10: **1540315444**

EL DIÁLOGO CON EL INCONSCIENTE

Dr. Eduard Schellhammer

ISBN-13: 978-1542336604
ISBN-10: 1542336600

DICCIONARIO
DE LOS SUEÑOS

Dr. Eduard Schellhammer

ISBN-13: 978-1536972160
ISBN-10: 1536972169